AF569570
www.entdecke.de

Entdecke
die Otter
Hans-Heinrich Krüger

Titelbild: Der heimische Fischotter
Rückseite: Sind Otterbabys nicht putzig?
Vorsatz: Otterfell
Seite 1: Der Nordamerikanische oder Kanadische Fischotter ist mit dem in Europa heimischen Fischotter nah verwandt
S. 2/3: Otter gelten als sehr intelligent

3. Auflage 2025

ISBN: 978-3-86659-479-1

An der Kleimannbrücke 39/41
48157 Münster
Tel.: 0251-13339-0
Fax: 0251-13339-33
E-Mail: verlag@ms-verlag.de
Home: www.ms-verlag.de
Geschäftsführung: Matthias Schmidt
Layout: Agneta Becker
Lektorat und Bildredaktion: Kriton Kunz
Druck: Drusala, Dobrá

Titelbild: mauritius images / Krys Bailey / Alamy
Rückseite oben: shutterstock / Eric Isselee
Vorsatz: mauritius images / Raimund Linke

istock
S. 8 oben: DamianKuzdak
S. 8 oben: motorolka

mauritius images
S. 1: Ted Raynor / imageBROKER
S. 4/5: nature picture library / Andy Rouse
s. 12 links: Hilary Morgan / Alamy
S. 12 unten: age fotostock / Berndt Fischer
S. 12 oben: Bernd Zoller / imageBROKER
S. 14 oben: Saverio Gatto
S. 22/23: Richard Winn / imageBROKER
S. 28 unten: SCOTLAND: The Big Picture
S. 29 unten: nature picture library / Sven Zacek
S. 31 unten: nature picture library / Sven Zacek
S. 31 oben: SCOTLAND: The Big Picture
S. 32 oben: H. Schmidbauer
S. 32 unten: Caroline Eastwood / Alamy
S. 33 oben: Blickwinkel / Alamy
S. 34/35: nature picture library / Robin Chittenden
S. 35/36: Ronald Wittek
S. 42 unten rechts: Hemis.fr / CORDIER Sylvain
S. 45 oben rechts: Mark Taylor
S. 45 links: Minden Pictures / Suzi Eszterhast
S. 47 links Mitte: Michael Runkel
S. 47 oben: Bahnmueller / imageBROKER
S. 48/49: nature picture library / David Tipling
S. 50/51: nature picture library / Franco Banfi
S. 54 oben: Minden Pictures / Theo Allofs
S. 54 unten: worldclassphoto
S. 55 oben: Matthias Graben / imageBROKER
S. 55 unten: nature picture library / Paul Williams
S. 56 oben: nature picture library / Charlie Summers
S. 56 links: Minden Pictures / Sebastian Kennerknecht
S. 56/57: Minden Pictures / Suzi Eszterhas
S. 57 oben: Rolf Hicker Photography / Alamy
S. 59 oben: Painters / Alamy
S. 60 oben: Minden Pictures / Suzi Eszterhas
S. 60 unten: Thomas Hinsche / imageBROKER
S. 61 rechts unten: Minden Pictures / Suzi Eszterhas

shutterstock
S. 2/3: Andrea Izzotti
S. 4 links oben: Eric Isselee
S. 5 rechts oben: l i g h t p o e t
S. 5 rechts: Eric Isselee
S. 6 oben: clarst5
S. 6/7: slowmotiongli
S. 7 links oben: LazyFocus
S. 7 rechts oben: Sonsedska Yuliia
S. 7 rechts unten: Philippe Clement
S. 8 Mitte oben: Madlen
S. 8 rechts oben: azure1
S. 9 oben: Von Ondrej Prosicky
S. 9 unten rechts: Hennadii Tantsiura
S. 9. unten rechts: anthonycz
S. 9 unten: Piusillu
S. 10 oben: greiss design
S. 10 unten: Eric Isselee
S. 11 oben: Rudmer Zwerver
S. 11 unten rechtsvv: Lovely Bird
S. 13 oben: godi photo
S. 13 unten: Paulpixs
S. 14/15: Eric Isselee
S. 15 rechts: Eric Isselee
S. 16 oben: belizar
S. 17 oben: Yakubovich
S. 17 rechts oben: Hainstock Photography
S. 17 rechts Mitte: Dr Darren Davis
S. 17 rechts unten: Nick Brundle Photography
S. 17 unten: Kambiz Pourghanad
S. 18 oben: Gregsbikelife
S. 18/19: Antto Ahola
S. 20 unten: Nick Edge
S. 21 oben: Nick Edge
S. 22 oben: PhotocechCZ
S. 22 unten links: Juan Carlos Munoz
S. 22/23 unten: Peter Hermes Furian
S. 23 oben: 10 FACE
S. 24/25 Mitte: Peter Hermes Furian
S. 24 unten: Vaclav Volrab
S. 25 oben: Eric Isselee
S. 26/27 unten: belizar
S. 27 oben links: PhotocechCZ
S. 27 oben rechts: Rostislav Stefanek
S. 26/27: l i g h t p o e t
S. 29 oben: Gabor Nedeczky
S. 28/29 oben: CloudyStock
S. 30/31 unten: Gabor Nedeczky
S. 30 oben links: sonsart
S. 30 links: Nikitin Victor
S. 30 oben: Ric Perin
S. 30 ganz oben rechts: clarst5
S. 30 oben rechts: Alex Stemmer
S. 30 Mitte: Hintau Aliaksei
S. 33 unten: Colin Seddon
S. 36 oben: Ondrej Chvatal
S. 36 unten: Ondrej Chvatal
S. 37 oben links: J.NATAYO
S. 37 oben rechts: belizar
S. 37 rechts Mitte: Colin Seddon
S. 38 oben: Stephan Morris
S. 38 unten links: Colin Seddon
S. 39: belizar
S. 40/41: Sergey Uryadnikov
S. 41: andrey oleynik
S. 42/43: Hayley Crews
S. 44 oben links: clarst5
S. 44 oben Mitte: Eric Isselee
S. 44/45: davemhuntphotography
S. 45 oben links: Gallinago_media
S. 45 oben Mitte: Jim Cumming
s. 46/47 Giuma
S. 48 links Mitte: KPhrom
S. 49 oben rechts: aabeele
S. 50 oben: pingebat
S. 50 links Mitte: poeticpenguin
S. 50 unten links: Michal Sloviak
S. 52 oben links: Eric Isselee
S. 52/53: Jane Rix
S. 53 oben: Gary Perkin
S. 58 oben: Christian Mueller
S. 61 oben: Menno Schaefer
S. 63 unten: Eric Isselee
S. 64 Ondrej Chvatal

Hans-Heinrich Krüger
Rückseite unten
S. 15 Mitte
S. 15 unten
S. 23 unten
S. 24 oben links
S. 25 unten
S. 38 unten Mitte
S. 38 unten links
S. 42 unten links
S. 43 unten rechts
S. 44 links Mitte
S. 44 rechts Mitte
S. 48 oben links
S. 61 rechts Mitte

Caterina Ferrari
S. 24 oben rechts

Chermundy / IUCN Red List of Threatened Species (creativecommons.org/licenses/by-sa/3.0/)
S. 20 oben rechts

Aktion Fischotterschutz e. V.
S. 21 rechts

CI Cambodia
S. 51 unten

Inhaltsverzeichnis

Willkommen in der Welt der Otter!

Der Körperbau der Otter ist perfekt an das Leben im Wasser angepasst

Von Ottern hast Du sicher schon einmal gehört. Aber was sind das für Tiere? Selbst an Flüssen und Seen, wo sie doch wohnen sollen, sind sie nicht zu entdecken. Dabei sehen sie auf Bildern sehr niedlich aus.

Otter sind offensichtlich sehr heimlich lebende Geschöpfe. Um sie einmal ganz nah zu sehen und ihnen beim Spielen zuzuschauen, bleibt Dir nur der Weg in einen Wildpark oder Zoo. Dort werden sie in großen Gehegen mit einem Wasserbecken gehalten. Mit ihren Knopfaugen, dem seidigen Fell, das man am liebsten streicheln möchte, und ihrer ungeheuren Lebhaftigkeit sind sie die Lieblinge der Zoobesucher. Doch selbst in den Gehegen verstecken sie sich oft und werden erst gegen Abend so richtig munter.

In der Natur musst Du schon ganz viel Glück haben, um einen Otter zu sehen. Und in vielen Teilen Europas und Deutschlands ist es gar nicht möglich, dort sind sie ausgestorben. In Deutschland haben die Otter nur im Nordosten überlebt. Aber selbst da sind sie so selten, dass sie durch das Naturschutzgesetz ganz besonders geschützt sind. Sie dürfen nicht gefangen, getötet oder gestört werden. Auch ihre Lebensräume müssen erhalten und verbessert werden.

Neugierig und clever - so sind Otter!

Doch was ist, wenn sich Fischotter in Fischteichen bedienen oder gar im Gartenteich den geliebten Koi verspeisen? Das ist eine von vielen spannenden Fragen, denen wir auf den nächsten Seiten nachgehen wollen. Dazu erzählen die clevere Eule Xabi und ich Dir viel Interessantes und Überraschendes vor allem über unseren heimischen Fischotter, aber auch über seine Verwandten.

Fühlt ein Fischotter sich in Gefahr, springt er rasch ins Wasser und taucht ab

Otterbraten in der Fastenzeit

In der mittelalterlichen Fastenzeit vor Ostern war das Essen von Fleisch nicht erlaubt. Man wusste sich aber zu helfen und erklärte den Fischotter zu einer Art Fisch, denn das Essen von Fischen war gestattet. Ein Tier, das so gut schwimmen kann und meistens im Wasser zu finden ist, konnte nur ein Fisch sein ... In uralten Kochbüchern kannst Du etliche Rezepte entdecken, wie man einen vorzüglichen Fischotterbraten herrichtet und würzt.

Der Riesenotter der südamerikanischen Amazonas-Region ist ein Verwandter unseres heimischen Fischotters

Marder sind weltweit die artenreichste Familie der Raubtiere. Der eindrucksvolle, bis über 25 Kilogramm schwere Vielfraß ist über weite Teile der Nordhalbkugel verbreitet.

Die große Familie der Marderartigen

In Deutschland gibt es die verschiedensten Raubtiere. Du kennst sicherlich den Fuchs, den Wolf oder den Dachs. Daneben existieren aber Arten, die sehr heimlich leben und sich am Tag nicht sehen lassen. Selbst Experten wissen über die Lebensweise solcher Tiere recht wenig.

Zu diesen Arten gehört auch der Otter. Einige seiner nächsten Verwandten sind besser erforscht. Die „nächsten Verwandten", das sind weitere Vertreter der Familie der Marderartigen, zu der auch die Otter zählen. Die

Einheimische Landraubtiere - vier „Familien“

die Hundeartigen

die Kleinbären

die Katzenartigen

Zoologen (Tierwissenschaftler) teilen Tierarten in verschiedene „Familien“ ein. Zu einer Familie werden alle die Arten zusammengefasst, die besonders nah verwandt sind.

Demnach gliedern sich die einheimischen Landraubtiere in vier Familien: die Hundeartigen, die Katzenartigen, die Kleinbären und die Marderartigen. Bevor wir zum Otter selbst kommen, wollen wir uns zunächst einmal die übrigen in Deutschland heimischen Marderartigen etwas näher anschauen.

Dachse fressen besonders gerne Samen, Früchte und Kleintiere wie Regenwürmer

Der Dachs

Der Dachs ist der Marderartige mit dem höchsten Gewicht. Bis zu 14 kg kann er wiegen! Dachse bauen sich große Erdhöhlen und hausen dort als Familie. Das heißt, die Jungen leben eine längere Zeit mit den Eltern zusammen. Um den Bau herum verteidigt die Familie ihr Revier gegen Artgenossen.

Dachse ernähren sich von Samen und Früchten, wie Hafer und Beeren, sowie von Kleintieren. Besonders haben es ihnen Regenwürmer angetan, die sie in der Nacht auf den Wiesen sammeln.

Nur selten ist der Dachs so rasant unterwegs wie dieses „fliegende“ Exemplar

Steinmarder können hervorragend springen

Der Steinmarder

Wenn Du in der Zeitung etwas von „Automardern" liest, ist damit nicht immer ein Räuber gemeint, der Autos aufbricht. Auch der Steinmarder wird zunehmend als „Automarder" bezeichnet. Denn immer wieder kommt es vor, dass diese flinken Tiere in die Motorräume von Autos eindringen und dort Kabel zerbeißen. Sie nutzen auf ihren nächtlichen Streifzügen die vielen Autos als Versteckplätze. Und wenn beim Herumklettern im Motorraum ein Kabel den Weg versperrt, dann fällt es ruckzuck den scharfen Zähnen zum Opfer.

Der Baummarder

Wie der Name schon verrät, ist der Baummarder ein guter Kletterer, der seine Verstecke gerne in den Baumkronen wählt. Daher lebt er nicht wie der Steinmarder in Dörfern und Städten, sondern ist im Wald zu finden. Hier ernährt er sich von Mäusen und Vögeln, im Sommer und Herbst frisst er aber auch ganz viele Früchte.

Die Jungen werden von der Mutter im Frühjahr in einer Baumhöhle aufgezogen. Das Fell des Baummarders war früher sehr wertvoll. Heute ist das Tragen solcher Pelze glücklicherweise aus der Mode gekommen.

Baummarder sind fast nur im Wald zu finden

Dieser Iltis hat einen Frosch erbeutet

Der Iltis

Der Iltis ist in den letzten Jahrzehnten sehr selten geworden, denn sein Lebensraum - feuchte Wiesen mit Hecken und Gräben - verschwindet zusehends. Iltisse sind leicht an ihrem Aussehen zu erkennen: schwarzes Deckhaar mit gelblicher Unterwolle und über den Augen eine dunkle „Banditen-Maske"; ähnlich, wie Du es auch vom Waschbären kennst.

Iltisse sind reine Fleischfresser. Sie ernähren sich von kleinen Nagetieren, Fröschen und Vögeln. Aus dem Iltis hat man als Haustier das Frettchen gezüchtet. Ursprünglich diente es als Helfer bei der Kaninchenjagd, heute wird es zunehmend als Heimtier gehalten.

Der Mink

Vielleicht hast Du schon einmal gehört, was eine Nerzfarm ist. Dort werden kleine Raubtiere in viel zu engen Käfigen gehalten, um aus ihren Fellen Pelzmäntel zu machen. Man bezeichnet diese Tiere als „Farmnerze". Für Zoologen sind es Minke. Die stammen aus Nordamerika und wurden vor etwa hundert Jahren zur Pelzproduktion nach Europa geholt. Aus den Nerzfarmen sind immer wieder einzelne Tiere entkommen. Diese haben in Freiheit nicht nur überlebt, sondern sich sogar erfolgreich fortgepflanzt.

Heute gibt es die amerikanischen Minke an vielen Stellen in Europa. Als kleine Raubtiere töten sie zum Beispiel Seevögel, und es wird überlegt, ob sie als Schädlinge betrachtet und bei uns ausgerottet werden sollten.

Minke kann man in der Regel an dem weißen Kinnfleck erkennen. Als ehemalige Pelztiere können sie aber sehr unterschiedlich gefärbt sein, so wie dieses silbrige Jungtier.

Im Winter ist das Hermelin bis auf die schwarze Schwanzspitze ganz weiß. Mäuse zählen zu seiner Hauptbeute, es greift aber auch größere Tiere an, beispielsweise Kaninchen.

Das Hermelin

Das schneeweiße Winterfell des Hermelins wird heute noch von Königen zu besonderen Anlässen als Mantel getragen. Immer schon war das Fell wegen der außergewöhnlichen Farbe etwas Besonderes, und nur Könige und Fürsten durften es tragen. Die in die Pelze eingenähten schwarzen Schwanzspitzen machen die Mäntel und Umhänge sehr charakteristisch. Im Sommer tragen Hermeline ein braunes, unauffälliges Fell.

Sie ernähren sich vorwiegend von Mäusen und anderen kleinen Nagetieren. Da sie sehr schlank sind, können sie ihre Beute bis in deren Erdbaue hinein verfolgen.

Das weiße Winterfell samt dem Schwanz mit schwarzer Spitze wurde früher zu Umhängen für Könige und Fürsten verarbeitet

Im Schnee sind Hermeline in ihrem Winterfell hervorragend getarnt

Im Gegensatz zum Hermelin bleibt das Mauswiesel auch im Winter braun

Das Mauswiesel

Der kleine Verwandte des Hermelins ist das Mauswiesel. Es ist noch kleiner und noch stärker auf die Mäusejagd spezialisiert. Ja, Mauswiesel leben sogar in den Bauen und Nestern ihrer Beutetiere, nachdem sie diese verspeist haben.

Im Gegensatz zum Hermelin färben sie sich bei uns im Winter nicht um, sondern bleiben das ganze Jahr über braun. Und wenn Du schon einmal den Begriff „wieselflink“ gehört hast, kannst Du Dir vorstellen, dass diese kleinen Raubtiere unglaublich schnell und wendig sind.

Jedem seine Nische

Betrachtest Du die Marderartigen etwas genauer, dann wird Dir auffallen, dass jede Art einen anderen Lebensraum bewohnt: Zum Beispiel lebt der Baummarder in den Bäumen des Waldes, der Iltis in Feuchtgebieten, der Fischotter in und an den Gewässern und das Mauswiesel in den Laufgängen der Mäuse. Diese Spezialisierung führt dazu, dass sich die Arten keine Konkurrenz um die Nahrung machen. Zoologen sagen dazu: Jede Art besetzt eine andere ökologische Nische und kann so besser überleben.

Um einen besseren Überblick zu gewinnen, richten sich viele Marderartige gerne auf, so auch dieses Mauswiesel

Leben zwischen Wasser und Land

Obwohl Otter mit den Marderartigen verwandt sind, die wir Dir gerade vorgestellt haben, halten sie wenig vom Landleben. Das Wasser ist ihr Lebenselement! Hier jagen sie den Fischen nach, und im Wasser können sie sich besonders gut vor Feinden verstecken. Jeder Wolf, der einen Otter verfolgt, bleibt verdutzt am Ufer stehen, wenn er seine erhoffte Beute gewandt unter der Wasseroberfläche verschwinden sieht.

Unsere heimischen Otter wiegen etwa sechs bis zwölf Kilogramm. Ihre Körperlänge mit Schwanz beträgt etwa 90 bis 130 cm. Die Männchen sind etwas schwerer und größer als die Weibchen.

Um sich im Sommer wie im Winter stundenlang in Flüssen und Seen tummeln zu können, muss der Körper der Otter besonders angepasst sein. Stell Dir vor, Du würdest im Winter nur mit der Badehose bekleidet in einem See baden! Sofern Du Dich überhaupt in das Wasser traust, wirst Du nach wenigen Momenten frieren und schnell das Wasser verlassen.

Schwimmhäute anstatt Schweißdrüsen

Die Schwimmhäute zwischen den Zehen der Otter sorgen nicht nur für ein schnelles Fortkommen im Wasser. Sie helfen ihm auch, die Körpertemperatur zu regeln. Ist dem Otter sehr warm, fließt warmes Blut in diese unbehaarten Häute und gibt die Wärme ab. Friert der Otter, schließen sich die Blutgefäße in den Schwimmhäuten, und die Körperwärme kann nicht entweichen. Dieser Mechanismus ist sehr wichtig, da die Otter durch ihr dichtes Fell ansonsten keine Körperwärme abgeben können. Das ist etwa so, als ob Du im Sommer in einem warmen Mantel eine Wandertour machen würdest.

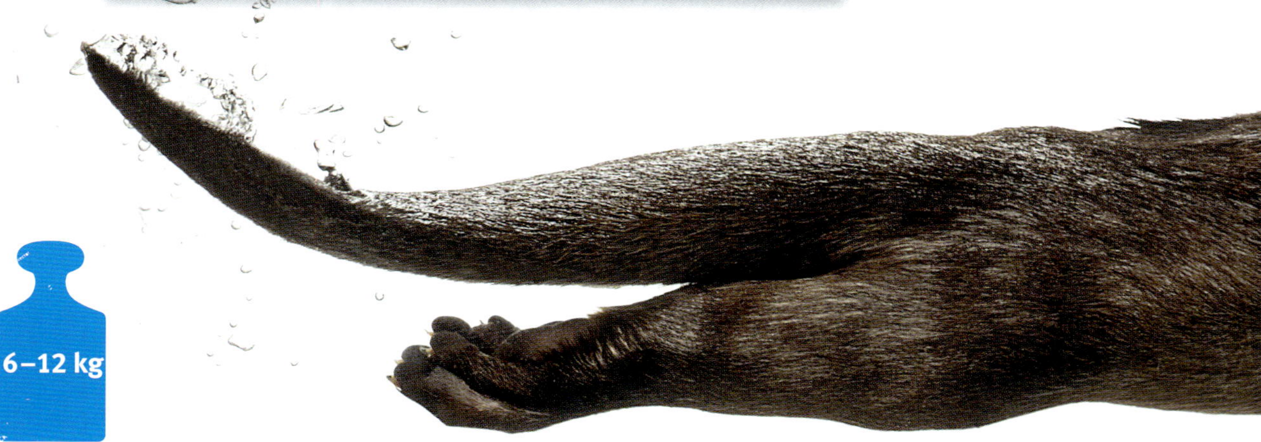

6–12 kg

90–130 cm

Der Otter dagegen schützt sich gegen die Kälte mit einem sehr, sehr dichten Fell. Bei keinem anderen einheimischen Säugetier stehen die Haare so eng beieinander: über 50 000 Haare wachsen jeweils auf einer Fläche so groß wie Dein Daumennagel. Auf der gleichen Fläche haben selbst Schlittenhunde, die in sehr kalten und schneereichen Regionen leben, nur etwa 5000 Haare. Was meinst Du, wie viele Haare Du auf dem Kopf auf der gleichen Fläche hast? Es sind „nur“ etwa 200!

Das dichte Fell des Otters ist zusätzlich etwas fettig. Von Fett perlt Wasser ab: So gelangt auch nach langen Tauchgängen kein Tropfen Wasser durch das Fell bis an die Haut. Außerdem hält sich in dem Haarkleid ein Luftpolster, das als zusätzliche Isolierung wirkt.

Otter müssen auch schnell schwimmen und tauchen können. Dafür haben sie zwischen allen Zehen Schwimmhäute – ähnlich, wie Du es von den Füßen der Enten kennst, die auf den Teichen im Stadtpark leben. Und auch wir vergrößern zum Tauchen die Flächengröße unserer Füße. Nicht zwischen den Zehen, die sind zu klein dazu, sondern mit Taucherflossen, die man wie Schuhe anziehen kann.

Schon die Jungen aller Otterarten sind durch ein dichtes Fell gut geschützt

Der Schädel des Fischotters ist sehr flach und zeigt das typische Raubtiergebiss

dichtes Fell

Schwimmhäute zwischen den Zehen ermöglichen des dem Otter, rasant zu schwimmen und zu tauchen

Fett oder Fell

Robben und Wale schützen sich mit dicken Fettschichten vor der Kälte des Wassers. Das Fell des Fischotters aber ist extrem dicht und isoliert sehr gut. Auf eine Fettschicht als Kälteschutz kann der Otter daher verzichten.
Ohne Fettschicht ist der Otter im Wasser viel wendiger und schneller. So kann er leichter Fische fangen und Feinden besser entkommen. Auf eine solche Fettschicht zu verzichten, heißt aber auch, jeden Tag auf die Jagd gehen zu müssen, ob im Sommer oder im Winter. Denn Fett ist nicht nur ein guter Isolator, es kann auch als Energiereserve dienen. Gibt es keine Nahrung, „verbrennt" der Körper etwas von den Fettreserven.

Unter Wasser sehen Otter hervorragend. Das ist wichtig, damit sie dort ihre Beute finden können.

Da ihr Fell sie so gut wärmt, brauchen Otter keinen Winterschlaf zu halten

Hast Du Dir den Kopf eines Otters schon einmal näher angesehen? Der ist oben sehr flach. Viel flacher, als Du es zum Beispiel von Hunden oder Katzen kennst. Durch diese besondere Kopfform kann der Otter seine Nase, Ohren und auch Augen aus dem Wasser heben, ohne dass er den ganzen Kopf herausstrecken müsste. Daher können wir den im Wasser versteckten Otter nur schwer finden. Während er uns schon lange gesehen, gerochen und gehört hat, entdecken wir den flach unter der Wasseroberfläche liegenden Otter noch lange nicht.

Dass andere Tierarten, die sowohl an Land als auch im Wasser leben, eine sehr ähnliche Kopfform aufweisen, ist kein Zufall. Betrachte einmal den Kopf von Biber, Krokodil oder Flusspferd. Auch diese Tiere möchten im Wasser von ihren Feinden oder ihrer Beute nicht gesehen werden. Aber wenn sie flach unter der Wasseroberfläche schwimmen, wollen sie alles hören, sehen und riechen, was um sie herum vorgeht.

Eine weitere Anpassung an das Wasserleben des Otters ist ein Körper „ohne Ecken und Kanten". Man sagt, er ist hydrodynamisch geformt. Er bietet also dem Wasser beim Schwimmen wenig Widerstand. Wir kennen diese Form auch von Fischen und Seehunden, die sich im Wasser ebenfalls möglichst schnell und leicht bewegen müssen. Und wie nennt man es, wenn Autos oder Flugzeuge so gebaut sind, dass sie sich mit besonders geringem Luftwiderstand bewegen? Dann sagen wir, sie sind aerodynamisch geformt. „Hydrodynamisch" kommt nämlich vom griechischen Wort „hydor" für Wasser, „aerodynamisch" vom griechischen Wort „aer" für Luft.

Auch bei anderen Wassertieren wie Biber, Flusspferd oder Krokodil schaut beim Schwimmen fast nur der abgeflachte Kopf aus dem Wasser

Dank des dichten Fells kann Kälte dem Fischotter nichts anhaben

Von den Tropen bis zum Polarkreis

Das Rotauge und einige andere Fischarten, von denen sich der Eurasische Fischotter gerne ernährt, sind wie dieser sehr weit verbreitet

Den heimischen Otter gibt es nicht nur in Deutschland und vielen anderen Ländern Europas. Auch in weiten Teilen Asiens kommt er vor. Die korrekte Bezeichnung für diese Art lautet daher „Eurasischer Otter".

Auf der Abbildung Seite 20 kannst Du das gesamte Verbreitungsgebiet sehen. Es reicht von den tropischen Ländern Südostasiens bis nach Norwegen. Das ist ein erstaunlich großes Vorkommen. Keine andere Tierart lebt sowohl im tropischen Urwald als auch im nördlichen Norwegen!

Diese weite Verbreitung ist durch die hervorragende Anpassung des Otters an den Lebensraum Wasser zu erklären. Überall dort, wo es Fließgewässer, Seen und Teiche gibt, mit genügend Fischen und Verstecken, tut sich für den Otter Lebensraum auf. Ob im 25 Grad Celsius warmen Wasser mit exotischen Fischen in den Tropen oder im 5 Grad kalten Forellenbach in Norwegen.

Der Eurasische Fischotter (Bild unten und rechts) bewohnt sowohl kalte Regionen Europas und Asiens als auch tropische Gebiete

Neue Otter müssen her

In England, den Niederlanden und in Schweden wollte man sich mit dem Aussterben des Fischotters nicht abfinden. Die Otter sollten wieder her. Und zwar möglichst schnell. Aber wie? Man entschied sich dafür, Otter dort zu fangen, wo sie noch vorkamen, und ließ sie dann im eigenen Land frei. In einigen Fällen hatte dieses Vorgehen durchaus Erfolg. So gibt es heute in den Niederlanden an vielen Orten wieder Fischotter. Aber solch eine Wiederansiedlung ist nur dann sinnvoll, wenn Ursachen für das Aussterben bekannt sind und abgestellt werden. Und zwar schon bevor die Tiere freigelassen werden. Denn sonst werden die Otter in einen Lebensraum entlassen, der offensichtlich für das Überleben der Art ungeeignet ist.

Otter führen ein heimliches, verstecktes Leben

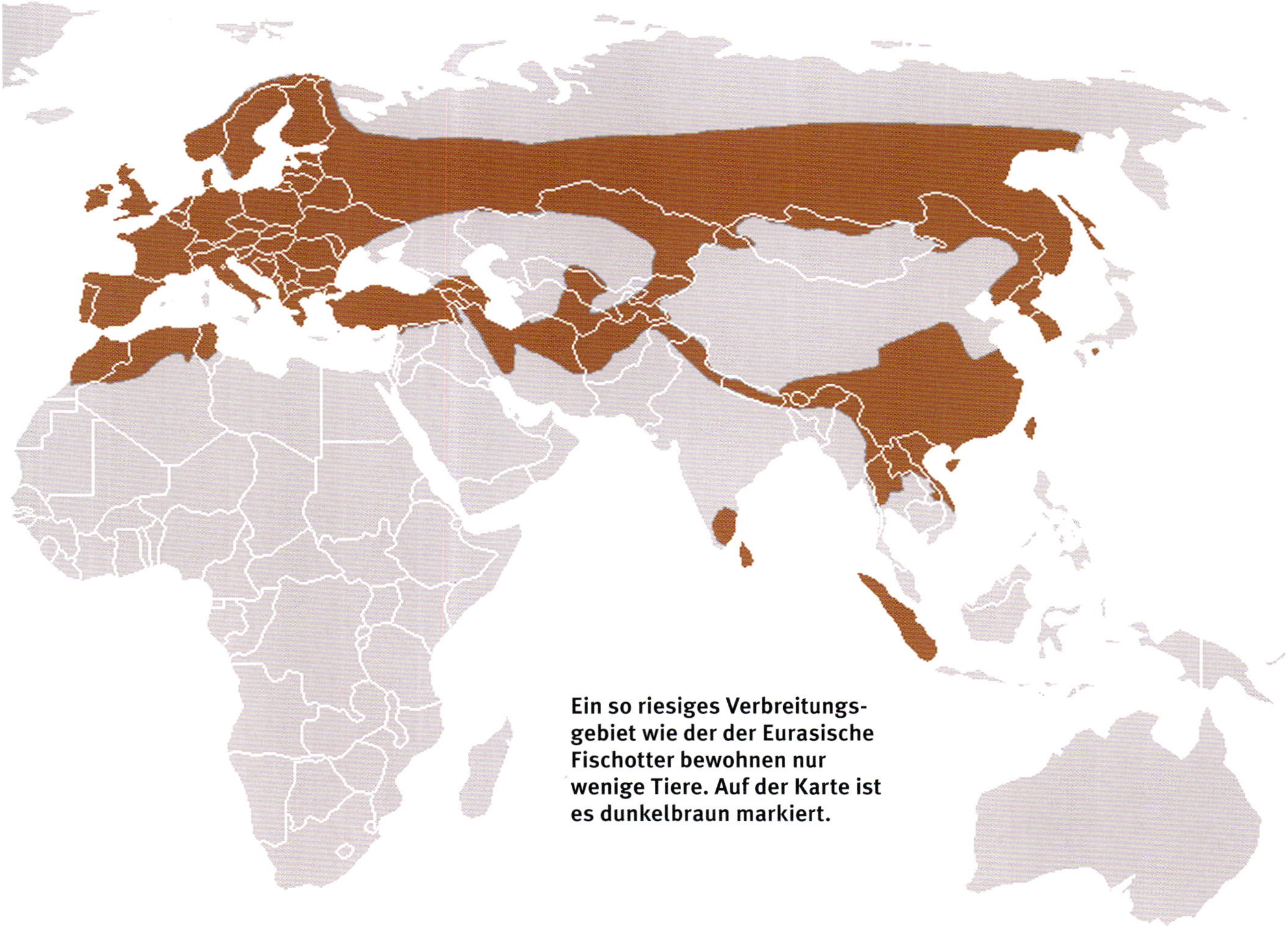

Ein so riesiges Verbreitungsgebiet wie der der Eurasische Fischotter bewohnen nur wenige Tiere. Auf der Karte ist es dunkelbraun markiert.

Auch am Meer können Eurasische Otter leben. Dieser hier hat einen großen Krebs erbeutet.

Hier hofft eine hungrige Krähe, dass von der Beute des Fischotters an der Küste etwas für sie übrig bleibt

Otter in Nord- und Ostsee

In Norwegen haben Otter gelernt, sich an den Lachsen in den riesigen, schwimmenden Netzkäfigen in der Nordsee zu bedienen. Diese als „Aquakultur“ bezeichnete Methode der Lachshaltung im Meer findet sich dort entlang der Küste. Grundsätzlich gehen Otter durchaus in das salzige Meerwasser. Sie müssen danach aber ihr Fell in Süßwasser waschen, zum Beispiel in kleinen Bächen, die zum Meer fließen. Denn das Meersalz bewirkt, dass das Fell sie nicht mehr so gut gegen die Kälte schützt. Du könntest also beim Schwimmen oder Bootfahren in der Ost- oder Nordsee durchaus einem Otter begegnen!

In Deutschland und anderen Ländern Mitteleuropas war der Fischotter im letzten Jahrhundert weitgehend ausgestorben. Er wurde nämlich als Schädling für die Fischerei und wegen seines wertvollen Pelzes intensiv verfolgt. Zudem zerstörte man zunehmend seinen Lebensraum: Immer mehr Gewässer wurden kanalisiert und die Ufer mit Beton befestigt. Abwässer und Giftstoffe vernichteten die Beutetiere und auch den Otter selbst. Nur im Nordosten von Deutschland, also im Wesentlichen in Mecklenburg-Vorpommern, Sachsen und Brandenburg, hatte er überlebt.

Da sich die Lebensbedingungen für Fischotter in den letzten Jahrzehnten gebessert haben, breitet er sich wieder aus. Heute hat er schon große Teile Niedersachsens, Schleswig-Holsteins, Thüringens und Sachsen-Anhalts zurückerobert. Auch in Bayern, Hessen und Nordrhein-Westfalen gibt es wieder Fischotter.

Wenn die Ausbreitung weiter anhält, wird diese faszinierende Tierart in wenigen Jahrzehnten die Flüsse und Seen in ganz Deutschland wiederbesiedelt haben – eine erfreuliche Nachricht, die zeigt, dass die Anstrengungen zum Schutz des Otters und seiner Lebensräume nicht umsonst sind.

Die grünen Quadrate zeigen Dir an, wo heute wieder Otter in Deutschland leben

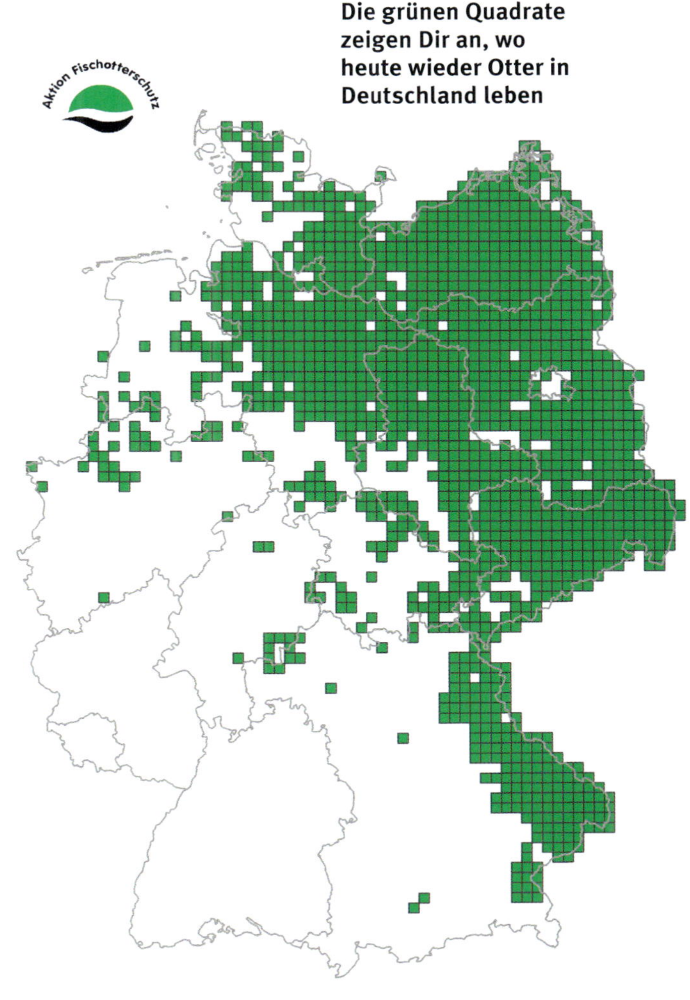

Aus der Ferne ist auf den ersten Blick schwierig zu erkennen, ob da nun ein Fischotter (oben) oder eine Nutria (Seite 23 unten) schwimmt

Auf Spurensuche

Wenn Dein Interesse am Fischotter entbrannt ist, möchtest Du sicher wissen, ob in Deiner Umgebung auch welche leben. Doch wie kannst Du feststellen, ob Fischotter im nächsten Fluss ihre Reviere haben? Tagsüber schlafen sie in ihren Verstecken und nachts ist es stockdunkel. Selbst wenn Du ein Tier wie einen Fischotter schwimmen siehst, bleibt häufig die Frage: War es wirklich ein Otter? Oder hast Du einen Biber, eine Bisamratte oder eine Nutria gesehen? Alle drei sind Arten, die im Wasser schwimmend sehr leicht mit dem Otter verwechselt werden.

Hier war ein Fischotter unterwegs

Krallen dicht am Zehballen

Krallen kurz

Fünf Zehenballen

Breite ca. 5 cm

Otterforscher verlassen sich daher nicht auf Sichtbeobachtungen, sondern suchen am Ufer nach den Fußabdrücken der Tiere. Die Ufer sind zum einen die bevorzugten Aufenthaltsorte der Otter, zum anderen ist der Boden dort meistens weich, und die Füße hinterlassen ihren Abdruck.
Fünf Zehenballen sollten in dem Fußabdruck zu sehen sein, nicht vier wie bei den Hunden und Katzen. Die Breite des Abdruckes eines Otterfußes liegt bei über 5 Zentimetern. Und die Krallenabdrücke sind beim Otter ganz dicht an den Zehenballen, da die Krallen recht kurz sind. Bei Hund, Fuchs und Waschbär sind sie viel weiter vorgestreckt.

Die gefundenen Fußspuren kannst Du fotografieren und die Fotos in einer Datei speichern. Du kannst sie aber auch mit Gips ausgießen und Dir so eine Sammlung verschiedenster Tierspuren anlegen.

Doch nicht nur anhand der Fußspuren lassen sich Fischotter nachweisen. Am Ufer, besonders unter Brücken, legen sie bevorzugt ihren Kot ab. Meistens auf einer Erhöhung, zum Beispiel auf einem Stein. Dieser Kot enthält die Reste der gefressenen Fische. Gräten und Fischschuppen lassen sich deutlich erkennen. Auch der Geruch des Kotes ist eindeutig. Er stinkt nicht unangenehm, sondern riecht etwas fischig, fast wie nach frischer Nordseeluft. Du solltest aber an dem Kot nur riechen, wenn alle anderen Anzeichen, wie Fundort und Aussehen, für einen Fischotter sprechen! Selbst dann solltest Du Deine Nase nicht zu dicht annähern, denn Kot kann auch Krankheitserreger übertragen.

Ein Nagetier aus Südamerika

Öfter zeigen mir Leute Fotos von schwimmenden Tieren. Sie meinen oder hoffen, einen Fischotter fotografiert zu haben. Nur der Oberkopf und ein kleiner Teil des Körpers sind erkennbar. Doch leider sind es überwiegend keine Otter, sondern Nutrias oder Biber. Nutrias sind Nagetiere aus Südamerika, die bei uns ursprünglich als Pelztiere gehalten wurden. Doch viele dieser Tiere ließ man einfach frei, oder sie entkamen aus ihren Käfigen. Da sie wie Otter und Biber im Wasser leben und eine ähnliche Größe haben, sind diese Arten beim Schwimmen leicht mit einem Fischotter zu verwechseln. Unten siehst Du solch eine Nutria.

Otter benutzen einige Wege zwischen Gewässern sehr regelmäßig, sodass sich ein sichtbarer Wechsel ausbildet, also eine Art „Otterweg“

Auch im Schnee sind die Wechsel leicht zu erkennen
Unten: Ein Fernglas leistet gute Dienste, wenn Du Otter beobachten möchtest

Eine weitere Möglichkeit, Fischotter nachzuweisen, ist der Einsatz einer Wildkamera. Diese Kameras reagieren auf die Wärmeabstrahlung der Tiere. Bewegt sich ein Otter davor, löst der Apparat automatisch aus und speichert das Foto oder auch ein kleines Video.

Es ist eine spannende Angelegenheit, die jeweils entstandenen Fotos durchzuschauen. Du wirst staunen, was sich da nachts am Gewässer alles bewegt. Allerdings darf man solche Wildkameras nicht überall aufstellen, sondern nur dort, wo sie keine Menschen fotografieren können und der Grundstückseigentümer zustimmt.

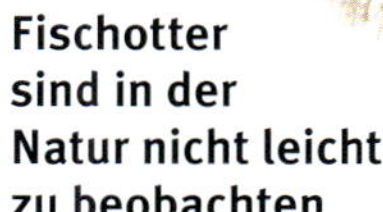

Fischotter sind in der Natur nicht leicht zu beobachten

Besonders leicht und sicher sind Fischotter nachzuweisen, wenn es geschneit hat. Im Schnee sind die Spuren besonders gut zu sehen und über längere Strecken zu verfolgen. Du kannst aus solch einer Spur sogar das Verhalten ablesen: Wo ist der Otter entlanggelaufen? Wo hat er sich länger aufgehalten? Wo ist er schnell gelaufen? Hat er sich weit vom Gewässer entfernt? Hat er Wasserrohre als Unterschlupf angenommen? Eventuell findest Du auch einen Fraßplatz, wo noch die Gräten oder das Blut eines Fisches zu sehen sind.

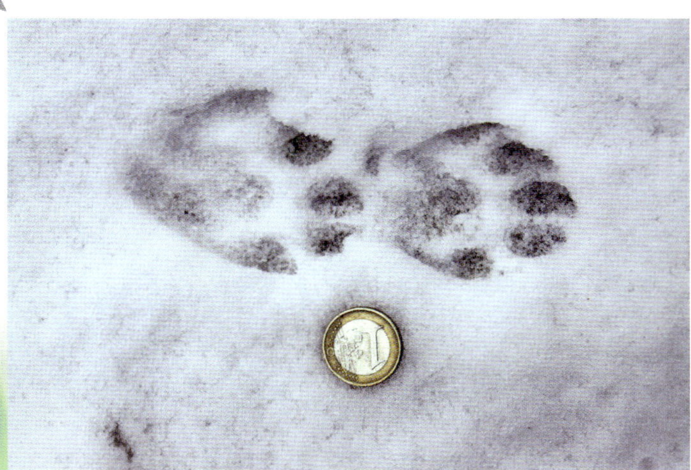

Im Schnee lassen sich die Spuren besonders leicht erkennen. Hier siehst Du den Abdruck einer Vorderpfote (rechts) und den einer Hinterpfote (links).

Seinen Kot legt der Otter gerne erhöht auf Steinen ab. Man erkennt im Kot die Gräten und Fischschuppen.

Alle Sinne beisammen

Tiere sind mit sehr feinen Sinnen ausgestattet, damit sie das tägliche Leben meistern können. Sie müssen zum Beispiel Feinde rechtzeitig erkennen, ihre Nahrung sicher finden und sich auch in der Dunkelheit orientieren. Daher hören, riechen und sehen viele Tiere besonders gut. So ist es auch bei den Fischottern.

Machst Du im Schwimmbad beim Tauchen unter Wasser die Augen auf, siehst Du alles recht verschwommen. Denn Deine Augen sind an die Lichtverhältnisse in der Luft angepasst. Menschliche Augen können durch Muskeln die Krümmung der Linse nur so weit verändern, dass Du sowohl in der Nähe als auch in der Ferne scharf siehst. Das Fischotterauge dagegen kann seine Krümmung viel stärker ändern. So sieht der Otter selbst beim Tauchen seine Beute klar und deutlich.

Kann der Otter Farben sehen, oder sieht er alles nur schwarz-weiß? Forscher haben herausgefunden, dass Otter durchaus farbtüchtig sind. Allerdings sehen sie die Farben nicht so wie Du. Ihr Sehvermögen ist im Bereich des blauen Lichtes stärker ausgeprägt, rotes Licht erkennen sie schlechter. Der Grund für die höhere Blautüchtigkeit: So sehen Fischotter auch nachts recht gut.

Die Augen des Fischotters sind an das Sehen unter Wasser hervorragend angepasst. Mithilfe seiner langen Sinneshaare, der Vibrissen, spürt der Fischotter zudem Bewegungen seiner Beute selbst in trübem Wasser. Auch helfen sie ihm dabei, sich im Dunkeln sicher durch das Unterholz zu bewegen.

Links: Seine feine Nase verrät dem Otter jede Menge Informationen! Rechts: So leicht entgeht einem Fischotter unter Wasser nichts!

Hören scheint für Fischotter nicht ganz so wichtig zu sein. Schon die kleinen Ohren deuten darauf hin. Das Hörvermögen der Otter ist gegenüber dem des Menschen geringer ausgebildet. Dafür hören sie aber Ultraschalllaute, die wir nicht wahrnehmen können.

Fische auch im trüben Wasser zu erbeuten, ist für Otter überlebenswichtig. Denn viele Gewässer sind von Natur aus mit Schwebstoffen oder Algen durchsetzt. Da sind selbst gute Augen keine Hilfe bei der Orientierung. Aber die langen Tasthaare oder Vibrissen rund um das Maul und in der gesamten Kopfregion lassen den Otter jeden in der Nähe schwimmenden Fisch erkennen. Diese Haare dienen als lange Fühler, die an ihren Wurzeln von sehr empfindlichen Nerven umgeben sind. Jede kleinste Veränderung des Wasserdruckes, die das Haar bewegt, wird vom Otter registriert. Solche Haare kennst Du vielleicht von Deiner Katze oder Deinem Hund. Beide brauchen wie die Otter solche „Antennen“, wenn sie nachts Mäuse fangen oder durch das Unterholz laufen.

Riechen unter Wasser

Unter Wasser riechen? Das hört sich sehr komisch an. Denn der Otter wird beim Tauchen ja nicht Wasser anstatt Luft durch seine Nase ziehen. Filmaufnahmen im Dunklen zeigten aber, dass Otter unter Wasser durchaus einen toten Fisch finden können. Sie drücken dazu eine Luftblase aus der Nase und ziehen sie gleich wieder ein. Aber so richtig klar erforscht ist das Riechvermögen unter Wasser nicht. Es gibt auch die Vermutung, dass Otter beim Tauchen ihren Geschmackssinn zur Nahrungssuche einsetzen, also etwas Wasser unter die Lippen ziehen und den Geschmack prüfen.

Ein toller Trick!

Kröten haben in ihrer Haut Giftdrüsen. Nur wenigen Feinden macht dieses Gift nichts aus. Otter werden davon abgeschreckt. Aber Kröten ohne Haut finden sie durchaus lecker. Und so helfen sie sich, indem sie den Kröten vor dem Verspeisen die Haut abziehen. Findest Du also eine leere Krötenhaut, dann hat hier ein Fischotter oder ein ähnlich geschickter Beutegreifer sein Mahl gehalten.

Fisch auf den Tisch

Der Name „Fischotter" verrät es bereits – Fische sind die Lieblingsspeise des Otters! Er weiß sie geschickt zu fangen, indem er sie am Ufer und im flachen Wasser in die Enge treibt. Haben seine spitzen Zähne den Fisch ergriffen, gibt es kein Entkommen.

Einige Fischarten sind sehr schnelle Schwimmer und leben dort, wo der Otter sich nicht anpirschen kann, also mitten im See oder zwischen den Schilfstängeln. Das gilt zum Beispiel für manche Forellenarten oder den Hecht. Andere Fischarten sind eher träge oder bewegen sich wie die Aale recht langsam am Grund der Gewässer. Du kannst Dir vorstellen, welche Arten der Fischotter am häufigsten erbeutet!

Am leichtesten aber kann der Otter die Fische in einem Fischteich fangen. Hier wimmelt es nur so von Karpfen oder Forellen. Sie können sich weder verstecken noch fliehen, und schwupp, landen sie im Maul des Otters. Will der Fischzüchter nicht hilflos zusehen, wie ein Fisch nach dem anderen verschwindet, dann sollte er an eine otterdichte Einzäunung des Teiches denken.

Dieser am Meer lebende Otter hat einen Papageitaucher erbeutet

Zum Fressen hält der Otter die Beute mit seinen Vorderpfoten fest

Fische machen zwar den größten Anteil der Beute aus, die Otter fressen aber nahezu alles an Tieren. Pflanzen dagegen verschmähen sie. Die könnten sie auch gar nicht verdauen. Ihr Darm ist nämlich sehr kurz und auf leicht verdauliche Fleischnahrung eingestellt. Ein Apfel oder Wasserpflanzen kämen aus dem Otter hinten genauso heraus, wie sie durchs Maul hineingekommen sind.

Kleine Säugetiere, Kröten und Frösche, Vögel, Reptilien und selbst Würmer werden regelmäßig zur Beute der Fischotter. Und sie fressen immer diejenigen Tiere, die sie am einfachsten erbeuten können. Wandern die Kröten im Frühjahr zu ihren Laichplätzen, so wissen Fischotter sich an dieser leichten Beute zu bedienen. Noch bequemer ist es für sie, die überfahrenen Kröten von der Straße zu sammeln. Aber das ist sehr gefährlich. Das nächste Auto könnte den Tod bringen.

Da die leicht zu fangenden Beutetiere mit der Jahreszeit wechseln, zum Beispiel Kröten im Frühjahr, Jungvögel im Sommer, Fische am Seegrund im Winter, wechselt auch der Speiseplan des Otters mit der Jahreszeit.

Fische sind die Lieblingsspeise des Fischotters

Je nach Jahreszeit und Gelegenheit erbeutet der Fischotter verschiedenste Tiere

Zwei Fischotter lassen sich einen Tintenfisch schmecken

Immer hungrig

Otter müssen viel fressen. Vielleicht hast Du schon einmal bemerkt, dass Du großen Hunger bekommst, wenn Du lange Zeit im Freibad im Wasser geplanscht hast. Der Körper muss gegen den Wärmeverlust durch das kalte Wasser „anheizen". Und Fischotter schwimmen selbst im eiskalten Wasser und sind überaus aktiv. Ihre Körpertemperatur liegt nicht wie bei uns bei etwa 37 Grad Celsius, sondern sie ist gut anderthalb Grad höher. Zudem ist der Körper des Otters viel kleiner als der eines Menschen. Damit ist seine Körperoberfläche in Relation zum Körper sehr groß. So kommt es, dass Fischotter jeden Tag etwa ein Kilogramm Nahrung benötigen. Das sind mehr als zehn Prozent ihres Körpergewichtes! Wie viel Kilogramm müsstest Du jeden Tag essen, wenn Du genauso wie die Otter mehr als zehn Prozent Deines Körpergewichtes verspeisen würdest?

Mahlzeit!

Speiseplan-Lesen aus Kothaufen

Woher wissen wir so genau, was die Otter fressen? Hat man sie dabei beobachtet? Das wäre viel zu schwierig und ist kaum möglich. Viel einfacher ist es, in den Kothaufen nachzuschauen – dort finden die Forscher, was die Otter so alles gefressen haben. Denn Otter verdauen ihre Nahrung nur sehr oberflächlich. Gräten und Schuppen der Fische finden sich im Kot genauso wie Haare und Knochen der gefressenen Kleinsäuger oder die Federn der Vögel. Den Kot zu untersuchen, ist zwar nicht besonders appetitlich, aber dafür umso lehrreicher!

Dringt ein Artgenosse ins Revier ein, fliegen die Fetzen!

Die Otter-Eltern verteidigen gemeinsam ein Revier

Jedem sein eigenes Revier

Fischotter sehen mit ihren Kulleraugen lieb und nett aus. Begegnen sich aber zwei fremde Otter, zeigen sie einander die Zähne. Da fliegen schnell die Fellfetzen, und die spitzen Zähne können zu sehr schweren Verletzungen führen. Warum reagieren Fischotter untereinander so aggressiv? Sind sie rauflustig?

Schaust Du Dich bei anderen Raubtieren um, so ist dieses Verhalten gegenüber Artgenossen durchaus nicht ungewöhnlich. Bei vielen dieser Arten erobern sowohl Männchen als auch Weibchen feste Reviere und verteidigen diese dann. Alle anderen Artgenossen, die sich dem Revier nähern, bekommen Zähne und Klauen zu spüren.

So ist es auch bei den Fischottern. Manchmal überschneidet sich das Revier eines Männchens mit denen von zwei bis drei Weibchen. Männchen und Weibchen verteidigen das Revier dann gemeinsam. Mit dem Revierverhalten sichern die Eltern für sich und ihre Jungen die nötige Menge an Nahrung und Unterschlüpfen zum Überleben. Das heißt aber gleichzeitig, dass die Otterjungen sich um ein eigenes Revier kümmern müssen, sobald sie erwachsen und damit zu Konkurrenten für ihre Eltern werden. Da kennen die Eltern keinen Spaß, denn nun erwarten sie den nächsten Nachwuchs. Ein Otterweibchen bekommt jedes Jahr zwei bis drei Junge.

Das Revierverhalten sorgt also dafür, dass der vorhandene Lebensraum optimal ausgenutzt wird. Denn alle Fischotter, die kein eigenes Revier besitzen, müssen weit umherstreifen und nach freien Plätzen Ausschau halten.

Gerade erwachsen gewordene Fischotter müssen sich nach einem eigenen Revier umschauen

Mit den Raubtierzähnen des Fischotters ist nicht zu spaßen!

Auf diese Weise werden alle Gebiete ohne Otter schnell wieder besiedelt, und die Art weitet ihr Verbreitungsgebiet eventuell aus.

Die Suche nach einem eigenen Revier ist für junge Otter allerdings eine große Herausforderung. Bisher wurden sie im Revier der Eltern von diesen behütet und geleitet. Sie lernten, wo es die meisten Fische zu erbeuten gibt, wo sich die sichersten Schlafplätze finden und wo Menschen, Hunde oder andere Gefahren lauern. Jetzt dagegen heißt es auf einmal, neue, bisher unbekannte Gebiete aufzusuchen. Da stößt man auf feindlich gesinnte Artgenossen, auf betonierte Kanäle ohne Fische, auf Straßen mit viel Verkehr oder unüberwindliche Stauwehre. Und da ist keine Mutter mehr, die ihr Junges beschützt und den Weg weist. Für viele junge Otter enden Abwanderung und Suche nach einem eigenen Revier daher mit dem Tod.

Das Revier eines Otters ist sehr groß. Soweit man es aus den bisherigen Forschungsarbeiten sagen kann, benötigen Ottermännchen gut 20 Kilometer Flusslänge. Die Reviere der Weibchen sind deutlich kleiner, und ein Männchenrevier kann zwei bis drei Weibchenreviere umschließen. Je mehr Nahrung und je mehr Verstecke im Bereich des Reviers vorhanden sind, desto kleiner kann es sein. In einem Fischteichgebiet mit leicht zu erbeutenden Karpfen und Forellen ist es zum Beispiel deutlich kleiner als in einer nahrungsarmen Gebirgsregion. Auch die Anzahl der Artgenossen in dem Gebiet spielt eine Rolle. Muss sich ein Otter zwischen vielen Artgenossen einrichten, so wird sein Revier kleiner sein als in einer Landschaft mit wenigen Ottern.

Kampf auf Leben und Tod

Revierstreitigkeiten verlaufen bei Ottern überaus brutal. Die Tiere nehmen keine Rücksicht auf den Gegner. Ihr scharfes Raubtiergebiss setzen sie hemmungslos ein und können damit tiefe Wunden schlagen. Selbst fliehende Konkurrenten verfolgen sie noch und beißen sie ins Hinterteil. Forscher können daher aus der Häufigkeit solcher Verletzungen bei tot aufgefundenen Ottern darauf schließen, wie viele Otter ein Gebiet besiedeln – je mehr tote Otter mit Bissverletzungen am Hinterteil gefunden werden, umso mehr Exemplare gibt es in der betreffenden Region.

Bei Kämpfen zwischen Artgenossen kann es auch schon mal zu Verletzungen kommen

Ottermütter wie hier beim Zwergotter tragen ihre Jungen ab und an im Maul in neue Verstecke

Nachwuchs rund ums Jahr

In Mitteleuropa bekommen die meisten Tiere ihre Jungen im Frühling. Warum ist das so? Der Frühling ist die Zeit, in der es wieder warm wird und die Pflanzen zu sprießen beginnen. Viele Tiere wie Frösche, Kröten und Insekten verlassen ihre Winterverstecke und die Zugvögel kehren zurück. Es gibt also Wärme und viel Nahrung zur Aufzucht der Jungtiere. Und bis zum nächsten Winter haben die Jungen genug Zeit, heranzuwachsen, und sie können bis dahin auch viel von ihren Eltern lernen.

Fischotter dagegen gehören zu den wenigen Arten, die auch im Winter Junge bekommen können. Wie aber überleben die kleinen Otterbabys in dieser Jahreszeit? Bei Frost, hohem Schnee und zugefrorenen Teichen?

Der Schlüssel zur Beantwortung dieser Fragen liegt bei den Muttertieren. Wenn sie ihren Nachwuchs erwarten, bauen sie ein warm ausgepolstertes Nest unter der Erde. Sie nutzen zum Bespiel einen verlassenen Biberbau oder erweitern kleinere Erdhöhlen anderer Tierarten.

Heranwachsende Otter können von ihren Eltern viel lernen!

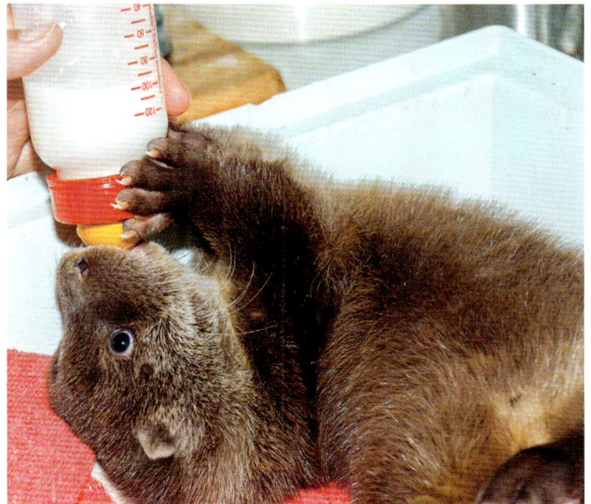

Links: Dieses Junge wurde verwaist gefunden und wird nun von Hand aufgezogen
Rechts: Das Waisenjunge ist aus dem Gröbsten heraus und hilft schon mit, seine Flasche zu halten ...

Etwa zwei Monate nach der Paarung bringt das Weibchen ein bis drei Junge zur Welt. Selten können es auch einmal vier sein. Die Mutter liegt nahezu die ganze Zeit bei ihnen im Nest und wärmt sie zwischen ihren Beinen und dem Bauch. Und sie versorgt sie natürlich mit ihrer Milch, die besonders nahrhaft ist und viel Fett enthält. Nur für ganz kurze Zeiten verlässt die Mutter das Nest und geht auf Fischjagd.

Bei der Geburt sind die Jungen recht wenig entwickelt. Sie wiegen nur rund 100 Gramm, also so viel wie eine normale Tafel Schokolade. Ihre Augen sind die ersten drei Wochen geschlossen. Erst nach etwa zwei Monaten beginnen die Jungtiere, feste Nahrung zu sich zu nehmen, und dann schauen sie auch schon einmal aus der Höhle heraus.

Für die Mutter ist das eine anstrengende Zeit. Den ganzen Tag ist sie mit der Pflege ihrer Jungen beschäftigt. Sie reinigt sie durch Ablecken mit der Zunge, wärmt sie mit ihrem Körper, gibt ihnen Milch und hat immer wache Augen und Ohren, um Feinde frühzeitig zu erkennen.

Dank der nahrhaften Milch seiner Mutter wird dieses Otterbaby rasch heranwachsen

Ein Bett am Ufer

Wie Du schon weißt, haben Otter ein sehr dichtes Fell. Das schützt sie gegen Nässe und Kälte. Auf ein warm gepolstertes Nest zum Schlafen sind Otter daher nicht angewiesen. Der Schlafplatz sollte nur etwas Schutz gegen den Wind bieten und versteckt liegen, am besten dicht am Ufer, damit Feinde ihn nicht finden und zur Not eine Flucht in das Wasser schnell möglich ist. Otterbabys dagegen brauchen ein warmes Nest. Sie werden sehr klein und hilflos geboren und können ihre Körpertemperatur nicht selbst halten. Die Wärme der Mutter wird dringend benötigt. Was Otter nicht herstellen können, sind große Erdbaue mit einem Eingang unter der Wasseroberfläche und einer Belüftungsröhre. Solche Darstellungen von Otterbauen finden sich zwar häufiger, aber sie entsprechen mehr dem, wie Menschen sich Otterbaue vorstellen, als dem, was Otter wirklich als Unterschlupf nutzen.

Eine Ottermutter (rechts) mit ihren drei schon fast ausgewachsenen Jungen. Solche Drillinge oder gar Vierlinge sind sehr selten.

Besonders wachsam ist sie bei den ersten Ausflügen. Die quirligen Jungen laufen nach allen Seiten und können der Mutter nur schwer folgen. So ist sie ständig beschäftigt, alle beieinander zu halten. Jeden Feind, der ihren Nachwuchs jetzt bedroht, attackiert sie gnadenlos.

Ganz nebenbei muss die Ottermutter auch noch große Mengen Beute heranschaffen, für sich und die Jungen. Dabei fressen nicht nur die rasch wachsenden Jungtiere besonders viel. Auch die Mutter selbst braucht jetzt die doppelte Menge an Nahrung, da sie für die Kleinen noch immer Milch produzieren muss.

In den nächsten Monaten werden die Jungen immer selbstständiger und lernen, selbst Fische zu fangen. Jetzt muss auch schon einmal der Vater als Spielkamerad herhalten. Der hat die Jungenaufzucht bisher deutlich gelassener gesehen als die Mutter, um nicht zu sagen, er hat sich gar nicht darum gekümmert. Zu seiner Entschuldigung muss man aber sagen: Die Mutter sieht die Versorgung der Jungen als ihre Aufgabe und hätte den Vater in der Nähe des Nestes gar nicht geduldet.

Es kann passieren, dass junge Fischotter bei ihren ersten Ausflügen die Mutter verlieren. Solltest Du zufällig so ein verlassenes Otterjunges finden, solltest Du es mit Deinen Eltern in eine spezielle Auffangstation bringen. Hier kümmern sich erfahrene „Ersatzmütter" um diese Babys. Mit Spezialmilch versorgt, haben solche Pechvögel die Chance, eines Tages doch ein ganz normales Otterleben in Freiheit genießen zu können.

In Auffangstationen haben verwaiste Jungtiere eine gute Überlebens-Chance

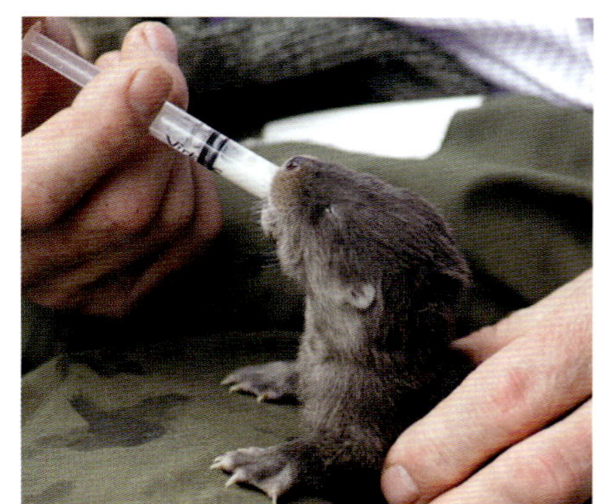

Bei den ersten Ausflügen aus dem Nest ist alles aufregend für die jungen Otter!

Wasserscheue Otter

Wenn junge Otter das warme Nest zum ersten Mal verlassen und ihrer Mutter ins Wasser folgen, dann käme man nicht auf die Idee, dass sie eines Tages wie die Fische im Wasser schwimmen. Denn die jungen Otter trauen sich zunächst gar nicht ins nasse Element! Die Mutter muss sie am Nackenfell packen und mit sich ziehen. Besonders das Tauchen fällt den Jungottern schwer. Das wuschelige, dichte Fell speichert sehr viel Luft und hält die Jungen oben auf der Wasseroberfläche. Doch nach wenigen Tagen sind diese Anfangsschwierigkeiten vergessen – die Kleinen folgen der Mutter schwimmend und tauchend, als hätten sie nie etwas anderes getan.

Otter haben nur wenige natürliche Feinde zu fürchten, beispielsweise Adler, Wolf und Luchs

Ein Otterleben ist gefährlich

Fischotter haben scharfe Zähne und sind kräftige, schnelle Tiere. Trotzdem bedrohen viele Gefahren ihr Leben. Die meisten toten Otter findet man auf der Straße. Denn Fischotter können die Geschwindigkeit der Autos und damit die Gefahr, die von ihnen ausgeht, nicht einschätzen. Auch Fischreusen, die eigentlich Fische fangen sollen, werden den Wassermardern zum Verhängnis. Diese Netze liegen unter der Wasseroberfläche, sodass Otter, die hineingeraten, ertrinken. Umweltgifte wie Schwermetalle und Pflanzenschutzmittel können Fische und damit die Nahrung des Otters, aber auch die Fischotter selbst töten oder schädigen. Und Otterlebensräume verschwinden nicht selten unter Asphalt und Beton, wenn neue Autobahnen entstehen oder Siedlungen sich ausdehnen.

Dass Fischotter in strengen Wintern verhungern, weil die Gewässer einfrieren, oder dass sie an Krankheiten und Parasiten sterben, ist eher selten. Ebenso wird es die Ausnahme sein, dass Fischotter in Fuchsfallen geraten oder von Hunden getötet werden.

Wenn man weiß, woran Otter sterben oder leiden, kann man ihnen gezielt helfen, indem die Gefahrenquellen beseitigt werden. Daher untersuchen Wissenschaftler tot aufgefundene Fischotter sehr genau, um die Ursache des Todes zu erfahren. Schauen wir uns die größten Bedrohungen für die Fischotter und mögliche Abhilfen einmal näher an.

Tod auf der Straße

Unsere Straßen sind voller Autos. Schnell und bequem fährt man zur Arbeit oder zum Einkaufen. Vielleicht wirst Du so sogar zur Schule gebracht. Doch Autos verursachen auch Probleme. Zum Beispiel stoßen sie Schadstoffe aus. Und viele Tiere, die gezwungen sind, die Straßen bei ihren Wanderungen zu überqueren, geraten unter die Räder. Bestimmt hast auch Du schon überfahrene Tiere auf der Straße gesehen.

Besonders gefährlich sind Straßen für Fischotter. Man schätzt, dass in Deutschland jedes Jahr etwa 500 Otter durch den Verkehr zu Tode kommen. Fischotter laufen auf ihren Streifzügen zehn bis 30 Kilometer pro Nacht und müssen dabei oft Straßen überqueren. Die Tiere folgen in der Regel den Fließgewässern, selbst wenn es nur kleine Gräben sind. Denn in der Nähe der Fließgewässer finden sich auch Teiche und Feuchtgebiete, in denen die Otter nach Nahrung suchen.Vielfach schwimmen sie bei ihren Wanderungen unter Brücken hindurch. Das ist sehr gut für sie, denn so geraten sie nicht unter die Räder der Autos, die über die Brücken fahren. Doch Brücken sind manchmal mit unüberwindlichen Staustufen verbunden, oder das Fließgewässer wird hier so stark eingeengt, dass das Wasser mit hoher Geschwindigkeit unter der Brücke hindurchschießt. Manchmal liegen die Brückenöffnungen oder die Wasserrohre auch völlig unter Wasser. Dann können die Otter dem Fließgewässer nicht unter der Fahrbahn folgen, sondern sie müssen das Gewässer verlassen und über die Straße laufen – häufig mit tödlichem Ende.

Hier wird der Fluss im Bereich einer Straße durch ein Wehr aufgestaut. Eine derartig hohe Mauer kann kein Otter überwinden.

Leider werden immer wieder Otter überfahren

Solche Schilder stellen Verkehrsbehörden dort auf, wo damit zu rechnen ist, dass Otter über die Fahrbahn laufen

Otterschützer fordern daher „otterfreundliche“ Brücken, die dem Gewässer Raum lassen und unter denen sich auf einer oder beiden Seiten Uferstreifen befinden. Denn die Otter lieben es, unter solchen Brücken ihre Kothaufen als Reviermarkierung abzulegen. Diese Haufen dienen auch der Kommunikation mit anderen Ottern, also der Verständigung. Aus dem Kot und den abgelegten duftenden Drüsensekreten können die Artgenossen ablesen, wer vor ihnen da war, ob es sich um ein Männchen oder ein Weibchen handelte, um ein älteres Tier oder ein Jungtier, und sie können sogar erkennen, wer von ihren Artgenossen die Markierung hinterlassen hat.

Solche Informationen will sich kein Otter entgehen lassen. Mit dem gleichen Eifer, mit dem manche Menschen aufs Handy schauen, um zu erfahren, was

Unten: Weil rechts und links dieser Straße Fischteiche liegen, wurden viele Fischotter auf ihrem Weg von einem Teich zum anderen überfahren. Diese Röhre, verbunden mit einer Abzäunung, rettet jetzt viele Otterleben.

Oben rechts: Unter solchen weit spannenden Brücken können alle Tiere hindurch, ohne die Straße mit den gefährlichen Autos kreuzen zu müssen

Breite Uferstreifen unter Brücken sind wichtig, damit die Otter nicht überfahren werden

ihre Freunde gepostet haben, schwimmen und laufen die Otter zu den Markierplätzen unter der Brücke – und damit weg von der gefährlichen Fahrbahn.

Auch andere Säugetiere kreuzen im Schutz der Brücke die Straße. Schau einmal unter Brücken mit Uferstreifen nach Fußspuren. Du wirst erstaunt sein, wie viele verschiedene Spuren sich dort finden. Neben Fischottern benutzen auch Marder, Katzen, Nutrias, Rehe, Hasen, Füchse, Waschbären, Dachse und Hermeline diese Uferstreifen, um nur einige Tierarten zu nennen. Die Straßenbaubehörden haben die Bedeutung „otterfreundlicher" Brücken für die Tierwelt erkannt. Wenn sie heute neue Brücken errichten, dann statten sie diese mit Uferstreifen aus, damit Fischotter und Co. nicht unter die Räder kommen.

Nicht nur Otter, sondern auch viele andere Wildtiere sind darauf angewiesen, Straßen ungefährdet kreuzen zu können

Ab durch die Röhre!

Wenn Brücken ohne Uferstreifen gebaut wurden und diese sich nachträglich schwer einbringen lassen, kann eine Röhre neben dem Gewässer als Otterwechsel dienen, also als Möglichkeit, um auf die andere Seite zu kommen. Diese Röhre sollte mindestens 60 Zentimeter Durchmesser haben. Besser noch sind kleine Tunnel, die etwa einen Meter hoch und breit sind. Durch solche Tunnel laufen nicht nur die Fischotter. Auch viele andere Tierarten schätzen sie, um sicher von einer Straßenseite zur anderen zu kommen. Wir Menschen haben übrigens dasselbe Problem wie die Otter. An verkehrsreichen Straßen findest Du häufig Fußgängertunnel, damit wir sicher von einer Straßenseite zur anderen gelangen.

Fischotter können ertrinken

Fischotter sind Säugetiere. Wie wir atmen sie mit Lungen. Bei der Jagd nach Fischen und Krebsen müssen sie daher häufig zum Luftholen an die Wasseroberfläche kommen. So endet es für Fischotter schnell tödlich, wenn sie unter Wasser von den Reusen der Fischer festgehalten werden. Das sind große, tunnelförmige Netze zum Fischfang, die an einem Ende verschlossen sind. An dem anderen Ende können Fische durch einen trichterförmigen Eingang hinein-, aber nicht wieder herausschwimmen. Denn während sie beim Hineinschwimmen durch den Trichter und Netzzäune zum Eingang geleitet werden, finden sie, einmal hineingeraten, nicht wieder zurück.

Fischer stellen solche Reusen meistens im Uferbereich von Seen auf, wo das Wasser nicht sehr tief ist. Dies ist allerdings das bevorzugte Jagdgebiet der Otter. Und genau wie die Fische geraten auch die Fischotter in den Reusensack. Sie versuchen verzweifelt, sich zu befreien. Aber sie können die Netze weder zerstören, noch finden sie den Ausgang. Nach wenigen Minuten sind sie ertrunken.

Wie viele Otter diesen Tod erleiden, ist unklar. Fischer melden solche Vorfälle offensichtlich nicht. Nach Untersuchungen, die einige Jahrzehnte zurückliegen, kann man davon ausgehen, dass etwa jeder vierte tot aufgefundene Otter in einer Reuse starb. Wie können solche Verluste vermieden werden?

Frei treibende Netze, die Fischer verloren oder weggeworfen haben, können auch anderen Otterarten zum Verhängnis werden. Hier hat sich ein Seeotter in einem solchen Netz verfangen.

Das Einschwimmen der Fischotter in die Reusen lässt sich zum Beispiel durch ein Gitter verhindern, dass die großen Tiere nicht hindurchlässt. Dazu darf die Öffnung des Gitters nicht größer als 8,5 mal 8,5 Zentimeter sein. Doch solch ein Gitter hält auch größere Fische vom Einschwimmen ab. Das sehen die Fischer natürlich nicht gerne. Außerdem bleiben am Gitter im fließenden Wasser Wasserpflanzen hängen, die den Reuseneingang weiter verengen.

Angesichts dieser Probleme haben sich Otterschützer an die Arbeit gemacht, um eine Fluchtöffnung für die Otter zu entwickeln. Sie wollten also einen Ausgang aus dem Fangsack bauen, der zwar von den Fischottern geöffnet werden kann, nicht aber von den gefangenen Fischen. Sie konstruierten eine Art „Sollbruchstelle“ im Netz: ein Schlitz im Netzgewebe, der nur durch Gummibänder zusammengehalten wird. Diesen Schlitz können die Otter bei Befreiungsversuchen mit ihrer großen Kraft aufdrücken, nicht aber die Fische.

Jeder Reusenfischer kann nun solche Ausstiege in seine Reusen einbauen, damit sie nicht zur Falle für Otter werden. Dies ist ein Beispiel für eine gelungene Artenschutzmaßnahme, die sowohl den Ottern als auch den Fischern hilft.

Reusen lassen sich so umrüsten, dass Otter daraus entkommen können

Otter als Helfer der Fischer

Fischer und Fischzüchter sehen Otter oft als Feinde, weil die Tiere sich von Fisch ernähren. Sie können den Fischern aber auch beim Fischfang helfen. Besonders in Südostasien werden sie hierzu ausgebildet. Die Fischer nehmen zahme Otter auf ihren Booten mit und führen sie an langen Leinen. Dazu wird ihnen ein kleines Geschirr um die Brust gelegt. Die Otter fangen die Fische nicht, sondern treiben sie in die Netze. Diese Otter sind von klein auf an die Menschen gewöhnt, und wenn der Fang gut war, bekommen sie natürlich eine Belohnung!

Hier hat jemand Giftkanister unter einer Brücke entsorgt

Solchermaßen eingedämmte Flüsse bieten Ottern keinen Lebensraum

Gifte und Beton

Zum Überleben brauchen Fischotter Flüsse und Seen ohne Betonwände und ohne Giftstoffe, dafür mit vielen Fischen und Verstecken.

Leider wurden besonders in der zweiten Hälfte des letzten Jahrhunderts Flüsse und Gräben begradigt und ihre Ufer mit Beton befestigt. Versteckplätze verschwanden genauso wie flache Uferzonen, in denen viele Tiere und Pflanzen ihren Lebensrum fanden. Die giftigen Abwässer aus Städten und Fabriken gelangten damals weitgehend ungeklärt in die Gewässer. Das hatte zur Folge, dass zuerst die Fische starben, dann aber auch die Otter. Ohne Fische als Nahrung können Fischotter nicht überleben. Und einige Giftstoffe ließen die Otter zwar nicht sterben, sie machten sie aber unfruchtbar. Das heißt, sie bekamen keinen Nachwuchs mehr.

Die Menschen bemerkten dieses Aussterben des Fischotters sehr spät. Vielen von ihnen waren die Tiere gleichgültig. Fischotter wurden immer noch als Fischräuber verfolgt, als sie bereits in vielen Regionen sehr selten waren. Kurz vor dem endgültigen Aussterben kam es dann aber doch zu einem Jagdverbot, und strengere Naturschutzgesetze schützten auch die Lebensräume. Kläranlagen für die Abwässer wurden gebaut, und den Flüssen gab man wieder mehr Raum. Viele Betonbarrieren in und an den Flüssen wurden abgerissen. Damit kehrten auch Wanderfische zurück, die nun ihre

Otter in der Stadt

Fischotter leben nicht nur versteckt in Wäldern und Schutzgebieten, fern von Menschen und ihren Häusern. Nein, auch mitten in Städten lassen sie sich finden! Die Tiere folgen nun einmal den Flüssen, und wenn diese Gewässer durch eine Stadt fließen, dann tauchen dort auch die Otter auf. Selbst in Hamburg und Berlin lassen sich seit einigen Jahren die Spuren des Otters nachweisen.

Laichgebiete wieder erreichen konnten. Als Wanderfische werden solche Fische bezeichnet, die zum Laichen, also zur Eiablage, die Flüsse oder das Meer aufsuchen und dafür lange Strecken zurücklegen müssen. So laichen Aale nicht in unseren Flüssen, sondern tief im Atlantischen Ozean, in der sogenannten Sargassosee. Die jungen Aale wandern dann die Flüsse wieder empor.

Solche Verbesserungen der zuvor zerstörten Lebensräume nennt man Renaturierungsprojekte. Hierbei werden von Fachleuten Pläne aufgestellt und mit den betroffenen Menschen und Behörden abgesprochen. Wenn dann noch geklärt ist, wer dafür das nötige Geld bezahlt, können die Bagger anrücken.

Otter brauchen naturbelassene Lebensräume

Wo Flüsse renaturiert werden, tauchen auch bald die Otter wieder auf

Riesenotter

Eurasische Otter

Zwergotter

Der Indische Fischotter lebt in Südostasien

Verwandte in aller Welt

Fischotter gibt es nicht nur bei uns. Auch in Amerika, Asien und Afrika leben verschiedene Otterarten. Insgesamt kennen wir dreizehn Arten. Viele von ihnen sind vom Aussterben bedroht.

Allen Otterarten ist gemeinsam, dass sie besonders gut an das Leben im Wasser angepasst sind. Der südamerikanische Meerotter vermag sogar an der Felsküste des Pazifischen Ozeans zu leben, wo er täglich durch die starke Brandung schwimmen muss.

Noch etwas ist den Ottern gemeinsam: Alle Otterarten sind sehr intelligent und neugierig. Sie geben ihr Wissen sogar an ihre Jungen weiter. So können sich Otter an die unterschiedlichsten Lebensbedingungen anpassen. Auch in ihrem Spielverhalten zeigt sich die Intelligenz der Otter. So lieben sie es, einen matschigen oder verschneiten Abhang auf dem Bauch „hinabzurodeln".

Die bekanntesten Otterarten, die Du vielleicht aus dem Zoo oder aus dem Fernsehen kennst, sind neben unserem einheimischen Eurasischen Otter der Riesenotter, der Zwergotter und der Seeotter. Schauen wir uns diese Arten einmal näher an.

Fleckenhalsotter bewohnen weite Teile Afrikas südlich der Sahara

Wieder aufgetaucht

Der Haarnasenotter galt viele Jahre als ausgestorben. Doch Anfang dieses Jahrhunderts fanden sich in Indonesien wieder Spuren und sogar einzelne Tiere. Auch mithilfe von Fotofallen konnte bewiesen werden, dass die Art an verschiedenen Orten überlebt hat. Jetzt erforschen Artenschützer die Verbreitung des Haarnasenotters und bemühen sich darum, seine Lebensräume zu erhalten oder wiederherzustellen. Der Name Haarnasenotter bezieht sich wirklich auf seine behaarte Nase. Während alle anderen Otter einen haarlosen sogenannten Nasenspiegel besitzen, wie Hund und Katze, ist die Nase des Haarnasenotters vollständig behaart.

Der Zwergotter

Wenn Du in Zoos Otter siehst, sind es meistens Zwergotter. Diese Art ist die kleinste Otterart, auch wenn sie nur etwas kleiner ist als unsere einheimische. Zoos halten diese Otter sehr gerne, da Zwergotter auch tagsüber aktiv sind und zudem in Familiengruppen leben – das bietet für Zoobesucher die besten Chancen, wirklich Fischotter beobachten zu können. Dagegen ist es wesentlich schwieriger, unseren einheimischen Otter Zoobesuchern zu präsentieren. Er ist nachtaktiv, schläft tagsüber sehr viel und lässt sich nur paarweise halten. Anstatt

Zwergotterbabys sind allerliebst!

Otter-Café

In Südostasien und in Japan ist es Mode geworden, Zwergotter in Cafés zur Belustigung der Gäste zu halten. Die Kaffeehausbesucher dürfen die Otter streicheln und füttern. Leider sind die Tiere in viel zu kleinen Käfigen untergebracht und haben keinen Kontakt zu Artgenossen. Tierschützer protestieren daher gegen diese Form der Tierquälerei.

fröhlich spielender Otter sehen die Besucher dann häufig ein leeres Gehege. Einige Zoos sind dazu übergegangen, für diese Otter Fütterungszeiten einzurichten. Und für Leckerbissen lässt sich jeder Otter aus seinem Versteck locken.

Zwergotter leben in Südostasien und ernähren sich weniger von Fischen, als dass sie mit ihren Pfoten Kleintiere und Schnecken vom Grund der Gewässer einsammeln. Ihre Pfoten sind daher wie kleine Hände geformt und ihre Krallen sehen aus wie unsere Fingernägel. Wir kennen solche handförmigen Pfoten auch von den Waschbären, die damit ebenfalls Kleintiere und andere Nahrung vom Grund der Bäche holen.

Bei Zoobesuchern sind die putzigen Zwergotter sehr beliebt

Zwergotter leben in Familiengruppen

Otterknochen als Medizin

In der alten asiatischen Medizin werden heute noch Tiger- und Löwenknochen als Medizin gegen die verschiedensten Krankheiten eingesetzt. Auch Organe und Knochen von Ottern sollen Leiden heilen. Die Otter werden daher gejagt und getötet, obwohl sie vom Aussterben bedroht sind. Eine sehr unsinnige Begründung für den Tod der Tiere, da die Heilwirkung solcher Otter-Medizin natürlich nur Aberglaube ist.

In tropischen Flüssen Südamerikas ist der Riesenotter zu Hause

Der Riesenotter

Ist der Zwergotter die kleinste Otterart, so ist der Riesenotter die größte. Mit über zwei Metern Länge ist er sogar größer als die meisten Menschen.

Das Verbreitungsgebiet des Riesenotters sind die Urwaldflüsse im tropischen Südamerika. Der bekannteste und größte Fluss dort ist der Amazonas. Wie die Zwergotter leben auch die Riesenotter in Familiengruppen. Aber im Gegensatz zu den kleinen Ottern ernähren sie sich nicht von Kleintieren und Muscheln, sondern sind geschickte Fischjäger. Sie fangen ihre Beute, indem sie zusammen auf Jagd gehen – ähnlich, wie wir es an Land von Wölfen kennen. Daher hat man ihnen auch den Namen „Wölfe der Flüsse" gegeben. Das Revier, das jede Familiengruppe für sich beansprucht und verteidigt, wird entlang der Grenzen durch Latrinen markiert. Das sind die Toiletten der Riesenotter. Hier

Dem mächtigen Gebiss des Riesenotters haben selbst große, gepanzerte Welse nichts entgegenzusetzen

legen sie regelmäßig ihren Kot ab. Gleichzeitig scheiden sie dort auch Duftstoffe aus verschiedenen Drüsen aus. Diese Duftstoffe informieren jeden Riesenotter über die Einwohner des Revieres, und für Fremde heißt es: Halt, dieses Revier ist besetzt! Obwohl die Haare der Riesenotter sehr kurz sind, besitzen auch sie ein wasserdichtes Fell. Lange Zeit wurden sie gnadenlos wegen ihres Fells gejagt, das zu wertvollen Pelzen verarbeitet wurde. Heute stehen sie unter gesetzlichem Schutz und dürfen nicht mehr getötet werden. Aber ihr Lebensraum wird zerstört: Urwälder werden abgeholzt, um Platz für Landwirtschaft und Straßen zu machen. Giftige Abwässer aus Goldminen ergießen sich in die Flüsse. All das gefährdet weiterhin das Überleben dieser Tierart.

„Fingerabdruck“ am Hals

Um Feinde frühzeitig zu erkennen und ihre Umgebung gut im Auge zu haben, stecken Riesenotter häufig ihren Kopf und Hals weit aus dem Wasser. Dabei zeigen sie deutlich ihren hellen, gesprenkelten Kehlfleck. Und jeder Kehlfleck hat eine andere Form, so ähnlich, wie wir es von unseren Fingerabdrücken kennen. Für Otterforscher ist das eine hervorragende Möglichkeit, die Tiere einer Gruppe an ihrem jeweiligen Halsfleck zu unterscheiden.

Nur in wenigen Zoos sind Riesenotter zu sehen, in Deutschland zum Beispiel in Duisburg, Dortmund, Leipzig und Hamburg. Lange Zeit gelang es nicht, diese Tiere zu vermehren. Doch seit einigen Jahren gibt es in den Zoos regelmäßig Nachwuchs.

In der Sonne lässt es sich wunderbar ausruhen!

Der Seeotter

Seeotter sind von allen Otterarten am besten an das Leben im Meer angepasst. Nur selten kommen die Tiere an Land – sie fressen, jagen und schlafen im Meer. Ja, sie bekommen dort sogar ihre Jungen!

Seeotter bewohnten ursprünglich die Küsten des Pazifischen Ozeans von Russland über Alaska bis nach Kalifornien. Da ihr Fell sehr wertvoll war und die Jäger sie leicht erbeuten konnten, hatten sie den Seeotter zu Beginn des 20. Jahrhunderts fast ausgerottet. Dank strenger Schutzmaßnahmen erholten sich die Bestände langsam.

Heute leiden sie nicht mehr unter der Bejagung, sondern sind von Schadstoffen und Ölkatastrophen bedroht. Verunglückte Öltanker können große Mengen Rohöl verlieren, das die Federn von Seevögeln und das Fell der Otter verklebt. Auch Giftstoffe sind in diesem Öl enthalten. Viele Seeotter sterben bei solchen Unglücken. Tierschützer kümmern sich um die verölten Otter und versuchen sie zu retten.

Kaum ein anderes Tier wirkt auf uns so sympathisch wie der Seeotter!

Bett mit Anker

Selbst zum Schlafen bleiben Seeotter im Meer. Aber durch die Meeresströmung könnten sie im Schlaf weit abgetrieben werden. Daher verankern sie sich an Wasserpflanzen, dem Kelp. Sie wickeln sich die langen Blätter einfach um den Körper. Kelp sind Wasserpflanzen mit ganz langen Blättern, die bis an die Wasseroberfläche wachsen. Unter Wasser bilden diese Pflanzen richtige Wälder aus.

Auch Seesterne schmecken den Seeottern

Das Fell der Seeotter ist überaus dicht. Kein kaltes Seewasser kann an die Haut dringen. Bis zu 150 000 Haare sollen auf einer Fläche stehen, die etwa so groß ist wie Dein Daumennagel! Das ist mehr, als ein Mensch auf seinem gesamten Kopf hat. Kein anderer Otter besitzt so ein dichtes Fell.

Der Seeotter hat nicht nur das dichteste Fell aller Otter, er ist auch der niedlichste. Seine große Clownsnase und das Aussehen eines schwimmenden Teddybären machen ihn zum Liebling vieler Tierfreunde. Dazu trägt wohl auch seine hohe Intelligenz bei. Denn was wir nur von ganz wenigen Säugetieren kennen, finden wir beim Seeotter regelmäßig – Werkzeuggebrauch. Die Tiere benutzen Steine, um die Schalen von Muscheln oder Seeigeln zu öffnen. So kommen sie an das Fleisch dieser Tiere. Hierzu legen sie sich, auf dem Rücken schwimmend, einen Stein auf den Bauch und schlagen dann die Muscheln oder Seeigel auf diesen „Amboss".

Auf Mutters Bauch kann das Junge sicher und trocken schlafen

Otter mit Handtasche

Dass Seeotter regelmäßig Steine benutzen, um Seeigel und Muscheln zu öffnen, ist schon sehr außergewöhnlich. Aber sie haben noch eine Überraschung parat: Damit sie die Steine dafür nicht ständig neu vom Meeresboden heraufholen müssen, stecken sie ihr Werkzeug in einen Felllappen im Bereich der Achsel.

Otterhunde

Otterhunde sind sehr agil und haben ein zotteliges Fell

Was denkst Du, was sind wohl Otterhunde? Kreuzungen zwischen Fischotter und Hunden? Tiere mit einer Hundeschnauze, kurzen Otterohren und Schwimmhäuten zwischen den Zehen? Das stimmt sicherlich nicht, denn Hunde und Fischotter sind nicht so nah verwandt, dass sie Mischlinge erzeugen könnten. Otterhunde sind vielmehr richtige Hunde, mit denen in früheren Zeiten Jagd auf Fischotter gemacht wurde. Daher ihr Name. Wir sagen ja auch zu Hunden für die Rebhuhnjagd „Hühnerhund“ oder zu Hunden für die Dachsjagd „Dachshund“.

Die Tradition der Jagd mit Otterhunden war besonders in England und Irland verbreitet. Dort trafen sich die Jäger im Frühling zur Otterjagd. Es ging weniger darum, den Otterbestand zu reduzieren, sondern wesentliche Gründe waren das Treffen mit befreundeten Jägern und das gemeinsame Erlebnis der Jagd. Die reichlich vorhandenen Zuschauer hatten Spaß daran. Sie beobachteten die einzelnen Hunde bei ihrer Arbeit sehr genau, um ihre Qualität als Jagdhund zu beurteilen. Dabei konnten einzelne Hunde, die den Ottern besonders geschickt und erfolgreich zu Pelze rückten, Berühmtheit erlangen.

Otterhunde sind große, langbeinige Hunde, die im flachen Wasser, wo der Otter schon schwimmen muss, noch laufen können. So schaffen diese Hunde es, den fliehenden Otter zu erreichen und zu greifen. Sie dürfen auch keine Scheu vor dem Wasser haben. Solche Hunde müssen es lieben, den ganzen Tag über Stock und Stein, durch Gräben und Flussläufe dem Fischotter zu folgen. Die Jagd auf einen einzelnen Otter kann nämlich viele Stunden dauern.

So ging es früher auf einer Otterjagd zu

Schon vor etwa tausend Jahren begann man in England Hunde mit den beschriebenen Eigenschaften zu züchten. Wichtig ist auch, dass sich diese Hunde in einer Meute vertragen. Denn zur Otterjagd bedarf es einer großen Anzahl von Hunden. Etwa 15 bis 30 Hunde bilden eine solche Meute. Ein einzelner Hund hat wenig Chancen, einen Fischotter zu fangen.

Nachdem die Otterjagd vor über vierzig Jahren verboten wurde, war dies auch das Ende der Otterhunde. Immer mehr Meuten wurden abgeschafft. Die Hunde wurden ja nicht mehr benötigt. Für andere Zwecke waren sie kaum einsetzbar. So wurde der Otterhund zu einer aussterbenden Haustierrasse. Nicht nur Wildtiere sterben aus, auch Haustierrassen können aussterben. Allerdings gibt es Liebhaber dieser Hunderasse, die von dem ruhigen Gemüt der Otterhunde, ihrem zotteligen Fell und ihrer tiefen Stimme begeistert sind. Sie züchten diese Hunde als tägliche Begleiter auch heute noch.

Neue Aufgaben für die Otterhunde

Durch das Verbot der Jagd auf Otter hatten die Otterhunde ihren Job verloren. Was sollten sie nun machen? Findige Jäger kamen auf die Idee, anstatt der Otter Nerze zu jagen. Denn Nerze sind aus Pelztierfarmen entkommen und haben sich in England und vielen anderen Ländern Europas weit verbreitet. Diese auch Minke genannten Tiere leben ähnlich wie die Otter entlang der Flüsse und Seen. Da sie Fische und Vögel fressen, sind sie nicht beliebt und sollen dort ausgerottet werden, wo sie ursprünglich nicht vorkamen. Aber so richtig kann sich diese neue Jagdmethode nicht durchsetzen. Die Minke sind viel kleiner als Otter, und die Hunde haben Probleme, die flinken Marder zu fangen.

(Keine) Otterforschung per Satellit

Um mehr und genauere Daten über die Wanderwege von Ottern zu erhalten, gab es bereits erste Versuche mit der sogenannten „Satelliten-Telemetrie". Dabei wird dem Otter ein kleiner Sender wie ein Rucksack auf den Rücken gebunden. Dieser ermittelt regelmäßig über Satellitensignale den Standort des Tieres und speichert diese Daten. Du kennst diese Methode im Prinzip von der Navigations-App des Handys. Auch das Handy bestimmt per Satellit den Standort. Was bei großen Tieren wie Wölfen und Hirschen gut funktionierte, musste beim Otter leider scheitern. Denn zum einen sind die Otter zu klein, um solche großen Geräte zu tragen. Zum anderen verstößt die Befestigung der Geräte mit Bändern um den Brustkorb gegen das Tierschutzgesetz, da die Otter sich mit den Bändern unter Wasser an Wurzeln verfangen und ertrinken können.

In aller Welt kümmern sich Menschen um den Erhalt der bedrohten Otterarten

Otterforschung ist nötig

Unsere heimischen Fischotter sind nachtaktive und scheue Tiere. Sie leben sehr heimlich und versteckt am Rande der Gewässer und tauchen bei Gefahr einfach ab. So geben sie Otterforschern auch heute noch große Rätsel auf. Wie leben Fischotter in der Familie zusammen? Mit welchen Weibchen paaren sich die Männchen und wie finden die Männchen die paarungsbereiten Weibchen überhaupt? Kümmern sich Männchen um ihren Nachwuchs? Ab wann werden die Jungen aus dem Revier vertrieben? Wie viele Otter leben überhaupt in einem Gebiet? Das sind nur einige von vielen ungeklärten Fragen.

Die Forscher versuchen trotz der vielen Schwierigkeiten, das Wissen um diese Tiere zu vermehren. Denn Arten lassen sich nur schützen, wenn man ihre Lebensweise kennt und die Gefahren, denen sie ausgesetzt sind.

Der heimische Fischotter ist nachtaktiv und darum auch von Forschern nur schwierig zu beobachten

Die im Meer lebenden Seeotter sind ebenfalls nicht einfach zu erforschen

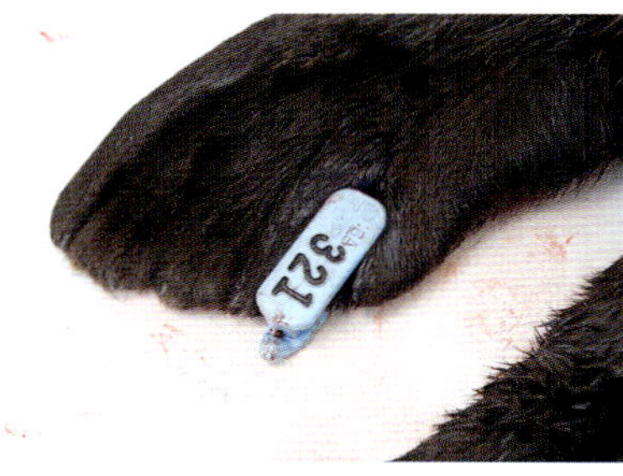

oben: Waschen Forscher Otterkot aus, entdecken sie darin Schuppen und Gräten der gefressenen Fische und die Überreste anderer Beutetiere. Das verrät ihnen, was die Otter in diesem Gebiet gerade am liebsten fressen.
unten: Auch mithilfer solcher Markierungen lassen sich insbesondere Seeotter besser erfassen

Am einfachsten ist es, ihre Fußspuren und ihren Kot entlang der Gewässer zu suchen. Wo die Fußspuren und der Kot sind, da müssen auch Otter sein. So ist es durch systematisches Absuchen möglich, das Ottervorkommen einer Region zu bestimmen. Auf diese Weise lässt sich zwar nicht sagen, wie viele Otter dort leben, aber es wird dokumentiert, ob sie überhaupt vorkommen. Und wiederholt man solche Untersuchungen nach einigen Jahren, dann geben die Zahlen und Karten Auskunft über die Ausbreitung oder über das Verschwinden der Fischotter.

Wichtig ist auch zu wissen, welche Wanderungen Otter täglich machen und wo sie sich bevorzugt aufhalten. Da sich diese Raubtiere in der Nacht nur schwierig beobachten lassen, kann man diesen Fragen nur mithilfe der Radiotelemetrie nachgehen. Bei dieser Methode wird ein kleiner Funksender in die Bauchhöhle des Otters gepflanzt. Mit einem entsprechenden Empfänger können die Funksignale aufgefangen werden. Auf diese Weise vermögen die Forscher das Tier laufend zu orten.

Diese Vorgehensweise ist aber sehr aufwendig, und das Einpflanzen des Senders ist für den Fischotter ein erheblicher Eingriff. So kommt es, dass es nur wenige Studien mit dieser Methode gibt. Entsprechend wenige und bruchstückhafte Resultate liegen vor.

Doch die Technik in diesem Bereich wird ständig verbessert. Vielleicht gibt es daher in einigen Jahren genauere Einblicke in das heimliche Otterleben.

Großes Otter-Quiz

Du hast in diesem Buch erfahren, dass Otter faszinierende Tiere sind. Noch gibt es eine Menge an Geheimnissen aus ihrem Leben zu erforschen. Wir wissen aber schon eine Fülle an Einzelheiten, und auch Du hast viel über Fischotter und ihre nächsten Verwandten gelernt. Möchtest Du Dein Wissen einmal testen? Dann kreuze bei jeder Frage eine oder mehrere Antworten an, die Du für richtig hältst. Auf Seite 64 findest Du die Antworten. Viel Spaß dabei!

1. Zu welcher „Familie“ gehören die Fischotter?

a) Hundeartige ❍
b) Kleinbären ❍
c) Marderartige ❍

2. Wie viele Otterarten gibt es auf der Welt?

a) 6 ❍
b) 13 ❍
c) 28 ❍

3. Mit welchen Tierarten kann man einen schwimmenden Otter leicht verwechseln?

a) Seehund ❍
b) Nutria ❍
c) Biber ❍

4. Wer ist ein naher Verwandter des Fischotters?

a) Dachs ❍
b) Fuchs ❍
c) Biber ❍

5. Wie viele Junge bekommt die Ottermutter pro Wurf?

a) eines ❍
b) zwei bis vier ❍
c) drei bis neun ❍

6. Wie heißt die kleinste Otterart?

a) Miniotter ❍
b) Zwergotter ❍
c) Kleinotter ❍

7. In welchem großen Fluss leben die Riesenotter?

a) Amazonas ❍
b) Donau ❍
c) Mississippi ❍

8. Was machen die Seeotter, damit sie beim Schlafen im Meer nicht wegtreiben?

a) Sie halten sich an Ästen fest ❍
b) Sie bauen sich aus einem Stein und Resten von Fischernetzen einen Anker ❍
c) Sie wickeln sich Seetang um den Körper ❍

9. Warum hat man vor über hundert Jahren den Seeotter fast ausgerottet?

a) Die Menschen haben sein Fleisch gegessen ❍
b) Sein Fell wurde zu kostbaren Pelzen verarbeitet ❍
c) Als Fischfresser wurde er als Schädling verfolgt ❍

10. Was macht Fischotter bei Fischteichbesitzern sehr unbeliebt?

a) Sie graben Löcher in die Teichdämme, sodass das Wasser abfließt ❍
b) Sie fressen die Fische in den Teichen ❍

c) Sie verdrecken mit ihrem Kot die Gehwege entlang der Teiche .... ❍

11. Wie isolieren sich Otter gegen die Kälte?

a) Sie haben eine dicke Speckschicht unter der Haut .... ❍
b) Sie haben ein ganz dichtes Fell .... ❍
c) In ihrem Fell ist ein Luftpolster eingeschlossen .... ❍

12. Woher hat der Haarnasenotter seinen Namen?

a) Nach dem Entdecker der Art, dem bekannten Zoologen Professor Haarnase .... ❍
b) Weil sein Nasenspiegel behaart ist .... ❍
c) Weil die Nasenlöcher voller Haare sind .... ❍

13. Warum durfte man früher in der Fastenzeit Fischotter essen?

a) Otterbraten war einfach das Leckerste, was gab............................. ❍
b) Otterfleisch ist sehr kalorienarm .... ❍
c) Der Otter wurde für eine Art Fisch gehalten .... ❍

14. Was fressen Fischotter außer Fischen noch?

a) Krebse und Frösche .... ❍
b) Kleine Nagetiere und Vogelküken....... ❍
c) Schilf und Seerosenwurzeln............... ❍

15. Woher hat der Otterhund seinen Namen?

a) Er sieht aus wie ein großer Otter .... ❍
b) Er fängt im Wasser Fische wie ein Otter .... ❍
c) Es ist ein Hund für die Jagd auf Otter .. ❍

16. Wozu dienen dem Otter die Vibrissen um das Maul herum?

a) Er reinigt damit sein Fell von Schlamm .... ❍
b) Er spürt damit Fische auch im trüben Wasser auf.. ❍
c) Er kann sich damit im Dunkeln orientieren.. ❍

17. Welche Otterart benutzt regelmäßig Steine als Werkzeug?

a) Riesenotter.. ❍
b) Eurasischer Otter .... ❍
c) Seeotter.. ❍

18. Wie kann man verhindern, dass Fischotter auf der Straße sterben?

a) Durch Röhren unter der Straße .... ❍
b) Durch Hupen vor dem Überqueren von Brücken .... ❍
c) Durch breite Brückenbauweise mit Uferstreifen unter der Brücke .... ❍

19. Wozu dienen die großen Schwimmhäute an den Füßen?

a) zum schnellen Schwimmen und Tauchen .... ❍
b) zur Fellpflege .... ❍
c) um zu große Körperwärme abzugeben.. ❍

20. Warum ist der heimische Fischotter in vielen Regionen ausgestorben?

a) Die Flüsse und Seen waren mit Abwässern verschmutzt .... ❍
b) Weil Fließgewässer begradigt und zubetoniert wurden .... ❍
c) Er wurde sehr lange als Schädling verfolgt und getötet .... ❍

Lösungen zum Otter-Quiz:

1. c) Fischotter gehören zur Familie der Marderartigen.
2 b) Weltweit gibt es 13 Otterarten.
3. b) und c) Die Nutria und der Biber sehen beim Schwimmen dem Otter sehr ähnlich.
4. a) Wie der Fischotter ist auch der Dachs ein Marderartiger.
5. b) Fischotter bekommen in der Regel zwei bis vier Jungtiere.
6. b) Die kleinste Otterart ist der Zwergotter.
7. a) Riesenotter leben im Bereich des Amazonas.
8. c) Seeotter wickeln sich zum Schlafen in die langen Blätter des Seetangs ein, um nicht davonzutreiben.
9. b) Das Fell des Seeotters wurde früher zu sehr teuren Pelzen verarbeitet.
10. b) In Fischteichen können Otter die Fische besonders leicht erbeuten.
11. b) und c) Fischotter haben ein extrem dichtes Fell, in dem sich ein Luftpolster hält.
12. b) Der Nasenspiegel des Haarnasenotters ist behaart.
13. c) In der Fastenzeit war nur der Genuss von Fisch gestattet, nicht von Fleisch. Daher wurde der Otter zu einer Art Fisch erklärt.
14. a) und b) Otter fressen alle kleinen Tiere, also auch Krebse, Frösche, Nagetiere und Vogelküken.
15. c) Der Otterhund ist eine Hunderasse, die speziell für die Otterjagd gezüchtet wurde.
16. b) und c) Vibrissen sind Tasthaare, die der Otter zum Fischfang und zur Orientierung im trüben Wasser und im Dunkeln benötigt.
17. c) Der Seeotter nutzt regelmäßig Steine als Werkzeug.
18. a) und c) Fischotter queren Straßen bevorzugt unter Brücken mit Uferstreifen und sie laufen auch durch Röhren.
19. a) und c) Schwimmhäute dienen zum schnellen Schwimmen und Tauchen sowie zur Abgabe überschüssiger Körperwärme.
20. a, b und c) Otter wurden stark verfolgt und ihre Lebensräume wurden durch Begradigen und Zubetonieren der Flüsse zerstört.

„Hmmm" – dieser Otter scheint nachzudenken, ob er die Antworten auf die Quizfragen kennt

Entdecke die Reihe mit der Eule!

Entdecke die Eulen

Entdecke die Greifvögel

Entdecke die Geier

Entdecke die Rabenvögel

Entdecke die Spechte

Entdecke die Finken

Entdecke die Spatzen

Entdecke die Eisvögel

Entdecke die Zugvögel

Entdecke die Singvögel

Entdecke die Meisen

Entdecke die Kraniche

Entdecke die Störche

Entdecke Schwäne, Gänse & Enten

Entdecke die Möwen

Entdecke die Pinguine

Entdecke die Papageien

Entdecke die Kolibris

Entdecke die Fledermäuse

Entdecke die Hunde

Entdecke die Schafe

Entdecke die Kühe

Entdecke die Pferde

Entdecke die Esel

Entdecke die Igel

Entdecke die Maulwürfe

Entdecke die Waschbären

Entdecke die Biber

Entdecke die Otter

Entdecke heimische Wildtiere

Entdecke die Wölfe

Entdecke die Bären

Entdecke die Tiger

Entdecke die Menschenaffen

Entdecke Affen und Lemuren

Entdecke die Hyänen

Entdecke die Pandas

Entdecke die Elefanten

Entdecke die Nashörner

Entdecke die Giraffen

Entdecke die Antilopen

Entdecke die Erdmännchen

Natur und Tier - Verlag GmbH
An der Kleimannbrücke 39/41 · 48157 Münster

Telefon: 0251 - 13339-0 · Fax: 0251 - 13339-33
E-Mail: verlag@ms-verlag.de · www.ms-verlag.de